RÉSONANCES

*collection dirigée par Étienne CALAIS*



Étude sur

# George Orwell
# *La Ferme des animaux*

**Élisabeth Kennel-Renaud**
Professeur agrégée de Lettres modernes

ellipses

**Également dans la même collection...** Alain-Fournier, *Le Grand meaulnes* • Anouilh, *Antigone* • Apollinaire, *Alcools* • Aragon, *Aurélien* ❍ *Le Paysan de Paris* ❍ *Les Yeux d'Elsa* • Aristophane, *La Paix* • Balzac, *La Peau de chagrin* ❍ *Le Père Goriot* • Barbey d'Aurevilly, *Les Diaboliques* • Baudelaire, *Les Fleurs du Mal* ❍ *Spleen de Paris* • Bazin, *Vipères au poing* • Beaumarchais, *Le Barbier de Séville* ❍ *Le Mariage de Figaro* • Beauvoir, *Mémoires d'une jeune fille rangée* • Beckett, *En attendant Godot* • Ben Jelloun, *L'Enfant de sable, La Nuit sacrée* • Béroul, *Tristan et Yseut* • Brel, *Textes & Chansons* • Butor, *La Modification* • Calderón, *La vie est un songe* • Camus, *La Chute* ❍ *L'Étranger* ❍ *Les Justes* • Céline, *Voyage au bout de la nuit* • Césaire, *Cahier d'un retour au pays natal* • Chateaubriand, *Mémoires d'outre-tombe* • Chraïbi, *Les Boucs* • Chrétien de Troyes, *Lancelot ou le chevalier de la charrette* • Claudel, *Partage de midi* • Cocteau, *La Machine infernale* • Coelho, *L'Alchimiste* • Cohen, *Belle du Seigneur* • Colette, *Le Blé en herbe* ❍ *Sido* et *Les Vrilles de la vigne* • Corneille, *Le Cid* • Diderot, *Jacques le Fataliste* • Duras, *L'Amant* ❍ *Un barrage contre le Pacifique* • Eco, *Le Nom de la rose* • Flaubert, *Bouvard et Pécuchet* ❍ *Madame Bovary* ❍ *L'Éducation sentimentale* • Gautier, *Le Roman de la Momie* • Gide, *Les Faux-Monnayeurs* ❍ *La Symphonie pastorale* • Giono, *Regain* ❍ *Un Roi sans divertissement* • Giraudoux, *Amphitryon 38* ❍ *Électre* ❍ *La guerre de Troie n'aura pas lieu* • Gogol, *Nouvelles de Pétersbourg* • Hugo, *Les Châtiments* ❍ *Le Dernier Jour d'un condamné* ❍ *Hernani* ❍ *L'Homme qui rit* ❍ *Quatrevingt-treize* ❍ *Ruy Blas* ❍ *Les Travailleurs de la mer* • Huxley, *Le Meilleur des mondes* • Ionesco, *Le Roi se meurt* • Stephen King, *Shining* • La Bruyère, *Les Caractères* • La Fontaine, *Les Fables* (livres VII à XII) • Laclos, *Les Liaisons dangereuses* • Lamartine, *Les Méditations poétiques* • Le Clézio, *Le Chercheur d'or* ❍ *Désert* • Levi, *Si c'est un homme* • Malraux, *La Condition humaine* ❍ *L'Espoir* • Marivaux, *Les Fausses Confidences* ❍ *L'Île des esclaves* ❍ *Le Jeu de l'amour et du hasard* • Maupassant, *Bel-Ami* ❍ *Boule de suif* ❍ *Le Horla* ❍ *Pierre et Jean* ❍ *Une vie* • Mauriac, *Le Nœud de vipères* • Modiano, *Dora Bruder* ❍ *La Ronde de nuit* • Molière, *Amphitryon* ❍ *Le Bourgeois gentilhomme* ❍ *Dom Juan* ❍ *Le Misanthrope* • Montaigne, *Essais* (I, 31 et II, 6) • Montesquieu, *Lettres persanes* • Musset, *Les Caprices de Marianne* ❍ *La Confession d'un enfant du siècle* ❍ *Lorenzaccio* • Orwell, *La Ferme des animaux* • Nerval, *Sylvie* et *Aurélia* • Nothomb, *Stupeur et tremblements* • Perec, *W ou le souvenir d'enfance* • L'abbé Prévost, *Manon Lescaut* • Proust, *Un amour de Swann* • Queneau, *Les Fleurs bleues* • Rabelais, *Gargantua* • Rowling, *Harry Potter à l'école des sorciers* • Renoir, *La Règle du jeu* • Rimbaud, *Une saison en enfer, Illuminations* • Rousseau, *Les Confessions* (I-IV) • Saint-Exupéry, *Terre des Hommes* • Sarraute, *Enfance* • Sartre, *Les Mains sales* ❍ *Les Mots* ❍ *Les Mouches* • Senghor, *Éthiopiques* • Stendhal, *La Chartreuse de Parme* ❍ *Chroniques italiennes* • Süskind, *Le Parfum* • Tolkien, *Le Seigneur des Anneaux* • Tournier, *Vendredi ou les limbes du Pacifique* • Vercors, *Le Silence de la mer* • Verlaine, *Poèmes saturniens* • Vigny, *Chatterton* • Voltaire, *Candide* ❍ *L'Ingénu* • Yourcenar, *Alexis ou le traité du vain combat* ❍ *Mémoires d'Hadrien* ❍ *Les Nouvelles orientales* • Zola, *L'Assommoir* ❍ *Au Bonheur des Dames* ❍ *La Bête humaine* ❍ *La Curée* ❍ *Germinal* ❍ *Nana* ❍ *L'Œuvre* • Zweig, *Le Joueur d'échecs* • *Le Roman de Tristan et Iseut*.

ISBN 2-7298-2210-0

32, rue Bargue 75740 Paris cedex 15

# L'ŒUVRE ET SES CONTEXTES

## I. BIOGRAPHIE

### La jeunesse : 1903-1922

Eric Arthur Blair est né en 1903 à Motihari en Inde où son père était fonctionnaire de l'administration du gouvernement impérial. Il n'a pu garder de souvenirs de cette époque puisque dès 1904, il regagne l'Angleterre avec sa mère et sa sœur aînée.

Il reçoit une éducation bourgeoise, nourrie de préjugés sur la classe ouvrière qu'il résume dans une formule cinglante dans *Le Quai de Wigan (The Road to Wigan Pier),* « le peuple sent mauvais ». Bien que les revenus de la famille soient modestes, il fréquente des écoles privées de renom dès les classes primaires. **De toute sa scolarité, George Orwell gardera de très mauvais souvenirs**. Outre la discipline trop sévère et le carcan de la religion anglicane qu'il ne supporte pas, il est victime d'un ostracisme* social. Élève boursier, il est l'objet de railleries de la part de ses camarades de classe. Dans *Prep school* et *Tels étaient nos plaisirs,* il dit tout le mal qu'il pense de ces institutions religieuses et il raconte toutes les humiliations qu'il a dû supporter. En 1935, dans *Et vive l'Aspidistra,* il confie qu'envoyer un enfant pauvre dans une école pour enfants riches est « ce que l'on peut faire subir de plus cruel à un enfant. » Enfant naturellement solitaire il se replie de plus en plus sur lui-même. **L'école est sa première confrontation aux inégalités sociales** et, s'il est prématuré de parler de prise de conscience, il n'en demeure pas moins qu'il refuse de poursuivre des études universitaires pour mettre fin à ce qu'il appelait un « calvaire ».

Par ailleurs, l'absence du père, qui ne venait que très rarement passer quelque temps avec sa famille en Angleterre, et la naissance d'une sœur cadette, accentuent ses difficultés à trouver sa juste place au sein de cet univers féminin. Aussi décide-t-il de s'engager en 1922 dans la police coloniale indienne en Birmanie et il signe un contrat pour cinq ans.

## L'expérience birmane : 1922-1927

Dans *Une histoire birmane (Burmese Days)*, George Orwell relate les souvenirs de ces cinq années. Quand il arrive en Birmanie, les idées nationalistes commencent à se répandre, même si personne ne pense encore à l'indépendance. Aussi le rôle de la police était-il de veiller à l'ordre et de museler toute tentative de rébellion. Dès lors, George Orwell se trouve dans une situation très inconfortable : il vivait comme un colonial, avait des « boys », il avoue même en avoir giflé un une fois, et par ailleurs il déplore l'oppression que l'on fait subir aux Birmans. **Très vite il rejette l'impérialisme qui ne rime pour lui qu'avec tyrannie et violence**. Il fut le témoin oculaire de la barbarie et témoigne de la cruauté des bourreaux qui, lors d'une pendaison, tiraient dans les jambes du mourant pour l'empêcher de se débattre. Il ne supporte plus de cautionner par sa seule présence cette oppression et, conscient qu'il est devenu « un rouage de la mécanique du despotisme » (*Le Quai de Wigan)*, il démissionne au cours d'une permission.

L'édition américaine d'*Une histoire birmane* explique sa décision :

> [...] principalement parce qu'il détestait mettre en prison des gens qui avaient fait exactement ce que lui aurait dû faire dans les mêmes circonstances.

Et George Orwell justifie sa démission en ces termes :

[...] je ne pouvais plus continuer à servir un impérialisme que j'avais fini par considérer comme une simple entreprise de gangstérisme.

*Essais, Articles et Lettres*, tome II

**George Orwell ne cessera de se sentir coupable d'avoir servi l'impérialisme pendant si longtemps** et d'avoir participé à l'oppression des plus faibles. Dans *Le Quai de Wigan,* il justifie son choix de vivre désormais auprès des plus démunis :

Je me sentais accablé par le poids d'une gigantesque faute que je devais expier. [...] Ce à quoi je voulais échapper, ce n'était pas seulement à l'impérialisme, mais à toute forme de domination de l'homme par l'homme. Je voulais effectuer une véritable plongée, m'immerger au sein des opprimés, être l'un d'eux et lutter avec eux contre les tyrans. [...] À ce moment-là, l'échec seul me semblait vertueux. Toute idée de progrès personnel dans la vie, l'idée même de « réussir » suffisamment pour arriver à gagner quelques centaines de livres par an, me semblait spirituellement hideuse, me semblait participer de la violence oppressive générale.

## Les années d'errance : 1928-1934

Vivre en marge de la société bourgeoise et conformiste, tel est donc pour George Orwell le moyen de se laver des préjugés de son éducation et de réparer son engagement dans la police. Pendant trois ans, il va vivre entre Londres et Paris. Pour survivre, il fait des petits boulots, tantôt plongeur dans un restaurant, tantôt répétiteur ou vendeur. Il connaît le chômage, vit comme un clochard et dort sur les bancs publics ou dans les halls de gare. Jamais il ne sollicite l'aide matérielle de sa famille ou de ses amis, non par orgueil mais parce qu'**il veut vivre au plus proche de la pauvreté**.

C'est à cette époque qu'il commence à écrire mais il ne trouve aucun éditeur qui accepte ses manuscrits. Pour autant, il ne se décourage pas, il a la certitude qu'il ne peut être qu'écrivain. Dans

*La dèche à Paris et à Londres (Down and Out in Paris and London)*, ouvrage autobiographique qui paraîtra en 1933, il relate son quotidien de marginal, son expérience de la pauvreté, les rencontres qu'il a faites. **Il prend le pseudonyme de George Orwell**. « Orwell » est le nom de la petite rivière du Suffolk, région où il passait ses vacances quand il était enfant et qu'il aimait particulièrement. S'il s'est expliqué sur le choix de son patronyme d'auteur, il n'a en revanche jamais justifié celui du prénom. Prendre un nom d'auteur, c'est une façon pour lui de se démarquer de ses origines bourgeoises et se départir d'une famille avec qui, du moins à cette époque, il entretient peu de relations. Il commence à écrire des « critique littéraire » telle celle d'*Herman Melville* de Lewis Mumford ou encore celle d'*Alexander Pope* d'Edith Stiwell.

À partir de 1932, il s'installe à Londres et décide de mener une vie plus stable pour pouvoir davantage se consacrer à l'écriture. Dès lors il recherche un travail régulier. D'abord professeur, tâche qu'il accomplit avec une certaine désinvolture, il obtient un poste de vendeur à temps partiel dans une librairie londonienne. En février 1933, *La dèche à Paris et à Londres* est publié et si le livre connaît un succès modeste, la critique en revanche est élogieuse. On peut lire dans le journal « Adelphi » ce commentaire :

> Le livre d'Orwell est une visite guidée des bas fonds, menée sans hystérie ni préjugés. [...] un modèle de clarté et de sens commun. [...] Les faits qu'il révèle [...] sont « sensationnels » sans être présentés de façon « sensationnaliste ».

## 1936 : une année décisive

Dans *La Fille du clergyman* (*A Clergyman's Daughter*) et dans *Vive l'Aspidistra* (*Keep the Aspidistra Flying*), il met en situation des personnages issus de milieux modestes contraints de lutter durement pour survivre dans une société capitaliste mais, pour autant, **il n'a pas encore véritablement d'identité politique**. En janvier 1936, son éditeur, Victor Gollancz, lui donne l'occasion de se révéler à lui-même. En effet, il lui commande un documentaire sur les conditions de vie des chômeurs du nord de l'Angleterre. À cette époque, le taux de chômage était très élevé dans cette région anglaise en raison des fermetures d'usines et des réductions de temps de travail dans les filatures et dans les mines de charbon. Il quitte alors la librairie où il travaillait pour se rendre dans la région de Wigan où il séjournera deux mois. Il partage la vie des mineurs, découvre au fond de la mine la pénibilité et la dangerosité du travail, l'exploitation des hommes pour un salaire dérisoire. **Lui qui n'avait qu'une connaissance théorique du monde ouvrier, découvre que les ouvriers sont les vraies victimes du capitalisme**. Misérables, humiliés, méprisés, ils sont condamnés à subir leur situation parce qu'ils n'ont pas d'autre choix que de se taire et de supporter. Parti initialement pour faire un reportage, George Orwell reviendra avec un témoignage édifiant. Il parle au nom des mineurs et veut sensibiliser la bourgeoisie à cette réalité qu'ils ignorent — tout comme lui avant cette rencontre décisive avec les mineurs — ou qu'ils veulent ignorer. Lorsque *Le Quai de Wigan* est publié en 1936, il connaît son premier succès commercial. George Orwell a gagné son pari, il s'est fait entendre.

Il commence alors à élaborer une théorie selon laquelle la petite bourgeoisie doit comprendre qu'elle a des intérêts communs avec la classe ouvrière et que c'est l'union de ces deux classes sociales qui fera progresser le socialisme.

Le 9 juin 1936, George Orwell épouse Eilen O'Shaugnessy, une intellectuelle promise à un brillant avenir mais qui consacrera sa vie à son mari. Le couple s'installe à Wallington, cultive un potager et élève des poules et des chèvres, conformément à leur choix de vivre le plus possible de leur travail. Dans *Pourquoi j'écris* (*Why I Write*), il retrace la chronologie de son parcours d'écrivain politique et insiste sur **la place importante qu'occupe la guerre d'Espagne dans son évolution** :

> [...] j'ai connu la misère et l'échec. Cela a contribué à exaspérer mon dégoût naturel de toute autorité et à m'ouvrir les yeux sur la condition faite aux classes laborieuses. Mon expérience birmane m'avait sans doute quelque peu éclairé sur la véritable nature de l'impérialisme. Mais malgré tout cela, je me trouvais encore privé d'orientation politique bien précise. [...] La guerre d'Espagne et les événements de 1936-1937 remirent les pendules à l'heure et je sus dès lors où était ma place. **Tout ce que j'ai écrit depuis 1936, chaque mot, chaque ligne, a été directement ou indirectement, contre le totalitarisme et *pour* le socialisme tel que je le conçois**. [il s'agit d'un socialisme démocratique]

En décembre 1936, George Orwell part pour l'Espagne d'abord en qualité de journaliste pour faire un reportage sur la guerre civile en Espagne, mais très vite **il rejoint la milice du POUM** (Parti ouvrier d'unification marxiste), parti révolutionnaire anti-stalinien qui s'oppose aux Franquistes. L'organisation du POUM lui fait connaître l'expérience du socialisme. Cette milice est régie par un principe égalitaire, sans aucune hiérarchie, il n'y a aucune différence entre le simple soldat et l'officier, chacun recevant la même solde, ce qui lui fait écrire dans *Hommage à la Catalogne* (*Homage to Catalonia*) :

> Je crois vraiment au socialisme.

Par ailleurs, il s'aperçoit que l'Internationale communiste, loin de soutenir la révolution espagnole, sert en fait les intérêts soviétiques. Dès lors **il prend en haine la politique de Staline et il ne cessera de dénoncer les trahisons du socialisme soviétique, symbole du totalitarisme**.

Blessé gravement à la gorge, et quelque part fier d'être blessé, il est contraint de rentrer en Angleterre. Dès les premiers mois de 1938, *Hommage à la Catalogne* est terminé, mais George Orwell est confronté au refus des éditeurs pour « propos anticommunistes ». Finalement c'est un petit éditeur, proche du parti travailliste, qui accepte de le publier. Cette même année, il adhère à l'ILP *(Independent Labour Parti)*, le seul parti qui semble correspondre à sa conception d'un socialisme démocratique, parti qu'il quittera en 1940 pour les raisons qu'il explique dans un article qu'il rédige pour un dictionnaire d'auteurs :

> Ce que j'ai vu en Espagne, et que j'ai connu depuis du fonctionnement intérieur des partis de gauche, m'a fait prendre la politique en horreur. J'ai été un temps membre de *l'Independent Labour Parti* mais je m'en suis retiré au début de l'actuel conflit, considérant que ce parti disait n'importe quoi et suivait une ligne politique qui ne pouvait que faire le jeu d'Hitler. Par conviction personnelle je suis profondément « de gauche », mais je crois que pour préserver son intégrité, un écrivain doit rester libre de toute attache partisane.

Depuis son enfance George Orwell souffre d'infections pulmonaires. Hospitalisé pour être soigné de la tuberculose, il part au Maroc, à Marrakech, en convalescence pour six mois. Pendant ce repos forcé, il écrit *Un peu d'air frais* (*Coming Up for Air*), qui est une mise en garde contre la guerre, livre pessimiste mais non sans espoir en le pouvoir du peuple et le bon sens de l'homme.

## La guerre : 1939-1945

On a beaucoup écrit sur les positions de George Orwell sur la guerre. Ce qui est sûr c'est qu'il était favorable à un engagement dans un conflit dès lors qu'il avait pour but de lutter contre les injustices. **Pour lui, il n'y avait aucun doute, il fallait participer à la guerre contre Hitler**. Pourtant, malgré toutes ses tentatives, il ne parviendra pas à se faire engager pour raison de santé. Aussi en 1940, décide-t-il de rejoindre les rangs de la « Garde nationale », qui selon lui devait être « une armée populaire quasi révolutionnaire », et il revendique des armes pour le peuple pour qu'il soit prêt à se défendre en cas d'une éventuelle invasion de l'armée allemande.

Le couple s'installe alors à Londres et George Orwell travaille à la BBC, dans la branche indienne. Parallèlement il continue à écrire. Ses « Essais » sur Dickens et Henry Miller, publiés en 1940 dans *Le Ventre de la baleine* (*Inside the Whale*) consacrent le critique littéraire. Quand il démissionne de la BBC pour incompatibilité d'humeur avec ses collègues, il est nommé responsable littéraire de l'hebdomadaire du parti travailliste, *Tribune.* Travailleur infatigable, il partage son temps entre l'écriture de quelque cent dix articles ou critiques, de *La Ferme des animaux,* et son fils Richard Horatio, adopté en 1944.

En 1945, George Orwell part à Paris, puis à Cologne, pour couvrir la fin de la guerre pour le journal l'*Observer.* Il apprend la mort de sa femme et rentre en Angleterre. Depuis plusieurs années sa femme souffrait, selon toute vraisemblance, d'un cancer de l'utérus mais pour ne pas inquiéter son mari, elle avait minimisé les risques de l'intervention chirurgicale qu'elle devait subir et à laquelle elle n'a pas survécu. Il supporte d'autant moins sa solitude que son fils est très jeune et nécessite beaucoup de soins et d'attention et il veut se remarier au plus vite, moins pour lui que pour protéger son fils, d'autant que sa santé se dégrade de plus en plus. Il décide alors de quitter l'Angleterre pour s'installer aux Nouvelles Hébrides, dans l'île de Jura.

## Le séjour à Jura 1945-1950

Il fait l'acquisition d'une ferme, Barnhill. Sa sœur Avril l'accompagne et gère la maison. Il commence l'écriture de ce qui sera sa dernière œuvre *1984* (*Nineteen Eighty-Four*). Ses problèmes de santé lui imposent d'être le plus souvent alité, mais il travaille toujours, malgré les interdictions réitérées par ses médecins et son entourage. Il veut mener à terme son dernier avertissement quant à l'avenir « en parodiant les conséquences intellectuelles du totalitarisme » (Lettre du 26/12/1948 à son éditeur, Warburg). Très diminué physiquement il ne peut même plus écrire à la machine, et en vain il réclame une secrétaire. Finalement son livre sort quasi simultanément à Londres et à New York, le succès est immédiat. À nouveau hospitalisé en 1949, il prépare la liste des livres et des articles qui devront être réédités. À l'hôpital il épouse le 13 octobre 1949 Sonia Brownell : il lui confie son fils et la nomme son exécutrice littéraire. Il meurt le 21 janvier 1950.

En 1968, sa femme Sonia publie ses essais, ses lettres, ses manifestes, ses articles écrits entre 1920 et 1950, en quatre volumes, sous le titre *Essai, Articles et Lettres* (*Collected, Essays, Journalism and Letters*), dont le texte manifeste *Pourquoi j'écris,* dans lequel George Orwell explique tout ce qui a présidé à son métier d'écrivain.

## II. POURQUOI J'ÉCRIS

> Ce qui me pousse au travail, c'est le sentiment d'une injustice et l'idée qu'il faut prendre parti, car même si nous ne pouvons rien empêcher, il faut tenter quelque chose pour s'y opposer.
>
> *Pourquoi j'écris*

Au regard de sa biographie, on s'aperçoit qu'**il est impossible de dissocier la production littéraire de George Orwell du parcours de sa vie et de l'évolution de sa prise de conscience politique**. En effet, force est de constater que chacune de ses œuvres a pour origine le vécu de l'auteur. Journaliste, pamphlétaire, romancier, essayiste, George Orwell compte plus de sept cent œuvres à son actif, c'est un travailleur acharné qui a toujours refusé de se taire parce que c'est non seulement un droit mais aussi un devoir. Dans la *Défense de la Ferme des animaux,* il écrit en 1945 :

La liberté est le droit de dire aux gens ce qu'ils ne veulent pas entendre.

Au fur et à mesure de ses expériences, **George Orwell devient un écrivain de plus en plus engagé**. Si ses premières publications relèvent avant tout de l'autobiographie, à partir du *Quai de Wigan,* publié en 1936, il abandonne progressivement la confidence personnelle au profit de réflexions plus générales et plus politiques. Persuadé que l'écrivain est un individu responsable qui s'exprime dans un contexte particulier et par rapport à ce contexte, ce que Sartre appelle « être en situation », ***La Ferme des animaux* ne prend son véritable sens qu'au regard de la situation politique des années quarante** :

Notre époque n'est plus celle des romances mystérieuses que vivaient les fous dans des châteaux en ruine, parce qu'on ne peut plus se permettre d'être inconscient des réalités contemporaines.

*Essais, Articles et Lettres,* tome I

**L'écrivain a un devoir moral, social et politique**, il doit dessiller les yeux de ses contemporains et les sortir de leur engourdissement et de leur passivité. Or la situation internationale depuis 1936 prouve que le monde est en danger et que si on ne fait rien, on risque de se retrouver sous la domination d'un *Big Brother,* seul maître d'un monde régi par ces trois lois : *« La guerre c'est la paix », « la liberté c'est l'esclavage », « l'ignorance c'est la force. »* Le fascisme de Mussolini, le nazisme d'Hitler, le socialisme totalitaire de Staline, sont autant de dangers pour la démocratie et l'intégrité de l'homme. C'est pourquoi George Orwell lance ce cri :

Il ne suffit plus d'être antifasciste, il faut être antitotalitaire.

*Pourquoi j'écris*

Il veut faire de son écriture un acte politique : dire, c'est déjà agir, comme il le confirme dans la préface de l'édition ukrainienne de *La Ferme des animaux :*

*Animal Farm* est le premier livre dans lequel j'ai essayé, en ayant pleinement conscience de ce que je faisais, de fusionner en un tout le but artistique et le but politique.

Il veut restituer aux mots toute leur force et toute leur vérité, à une époque où le langage est devenu un outil à la solde des dictateurs, langage perverti au service de la trahison. Alors que les intellectuels sont de plus en plus passifs, voire complices à ce qui se passe à Moscou ; Cocteau a même déclaré que « les dictateurs contribuent à promouvoir la protestation dans l'art, sans laquelle celui-ci meurt » ; George Orwell a voulu « dénoncer l'aisance avec laquelle la propagande totalitaire peut assujettir la pensée de l'intelligence occidentale[1]. Et pour cela il s'applique à écrire dans un langage « qui pourrait être facilement compris par tout le monde[2] ». **Pour être efficace, la littérature doit toucher le plus grand lectorat possible et ne pas être seulement réservée aux intellectuels**. Il faut abandonner le langage littéraire artificiel voire inaccessible, car c'est déjà une atteinte à la démocratie et un pas vers une dictature intellectuelle.

La *Ferme des animaux* était en gestation depuis longtemps ; pour autant on peut considérer que **trois événements** sont plus précisément à l'origine de l'écriture de cette fable allégorique.

• Tout d'abord **son expérience de la guerre civile espagnole** en 1936 l'a fortement marqué et il éprouve pour la première fois le sentiment de trahison. Il avait été témoin de l'acharnement contre les anarchistes et les trotskistes, non seulement pourchassés mais encore et surtout accusés à tort d'alliance avec Franco par des diffamations mensongères et infamantes. Telle sera l'attitude de Napoléon à l'égard de Boule de Neige.

1. Préface de l'édition ukrainienne
2. *Ibid.*

• **Le pacte de non-agression** signé le 23/08/1939 entre l'Allemagne et l'URSS a eu raison de ses illusions dans le bien fondé du socialisme soviétique.

• Enfin, **un événement tout à fait personnel** qui aurait pu rester dans la catégorie des faits divers anodins et que George Orwell raconte dans la préface de l'édition ukrainienne :

> Un jour, je vis un gamin chevauchant un énorme cheval de trait le long d'un étroit sentier, et le cravachant chaque fois qu'il essayait de tourner. Il me vint soudain à l'esprit que si seulement les animaux prenaient conscience de leur force nous n'aurions aucun ascendant sur eux, et que les hommes exploitaient les animaux à peu près comme les riches exploitent le prolétariat. J'entrepris de considérer la théorie marxiste du point de vue des animaux.
>
> *Essais, Articles et Lettres,* tome III

George Orwell commence la rédaction de son livre en novembre 1942 et le termine en février 1944. Soucieux d'être au plus près de la réalité et de la vérité, il a modifié la fin initialement prévue en fonction des événements contemporains. En effet, George Orwell avait d'abord pensé que la scène finale où Pilkington et ses hommes dînent avec les cochons présenterait non pas une réconciliation mais bien une discorde. Or cette scène a été écrite juste après la conférence de Téhéran qui se solda par un accord entre Churchill, Roosevelt et Staline, dès lors, la réconciliation des cochons et des hommes s'imposait. De même, il retoucha son manuscrit en mars 1945 à son retour de France où il avait été envoyé par le journal l'*Observer,* pour couvrir la fin de la guerre. À cette époque, les troupes allemandes envahirent Moscou et Staline ne prit pas la fuite mais resta pour affronter l'ennemi. Aussi modifia-t-il le passage du chapitre VIII qui raconte le saccage du moulin par les hommes. Le manuscrit mentionnait :

> Tous les animaux, Napoléon compris, se tenaient à terre, la tête cachée.

Il corrige la phrase et réécrit :

Tous les animaux, Napoléon excepté, se tenaient à terre, la tête cachée. (page 111, 203)

George Orwell savait que son livre était dérangeant et il craignait de rencontrer des difficultés pour le faire publier. Il se confie à ce sujet à un de ses amis :

Je suis en train d'écrire une petite bombe qui devrait vous divertir à sa sortie, mais elle est tellement peu OK politiquement que je ne suis pas sûr que quelqu'un la publiera.

*Articles, Essais et Lettres*

De fait, le manuscrit devra attendre plus d'un an avant d'être publié le 17/08/1945, par un éditeur américain, Warburg. D'abord refusé par Gollancz qui considère les attaques trop virulentes, puis par Cape, qui trouvait que le livre était trop pessimiste et que « le choix de cochons pour la caste dirigeante était offensant », enfin par Eliot qui bien qu'il reconnaisse la qualité de l'ouvrage, pense « qu'il ne s'agit pas du bon angle pour critiquer la situation politique du moment présent. » (Lettre adressée à George Orwell le 13/07/1944) George Orwell est prêt à le publier à compte d'auteur car le temps presse, il veut absolument que le livre paraisse au plus vite.

***La Ferme des animaux* connut un énorme succès dès sa sortie en librairie**. Tiré à quarante-cinq mille exemplaires au mois d'août, il fut très vite épuisé et réédité dès le mois de novembre de la même année à dix mille exemplaires. Depuis il n'a jamais cessé d'être réédité et traduit dans toutes les langues, comme le souhaitait son auteur qui déclarait dans la préface de l'édition ukrainienne :

J'ai eu l'idée d'analyser le mythe soviétique dans une histoire qui pourrait être [...] aisément traduite dans d'autres langues.

Si aujourd'hui le sens de *La Ferme des animaux* fait l'unanimité, ce ne fut hélas pas le cas lors de sa parution. Certains, et plus particulièrement les Américains, alors qu'il fallait lire une allégorie* de la révolution russe et par-delà une condamnation universelle sans appel de toute forme de tyrannie, ont voulu lire une condamnation de la révolution et une invitation au conservatisme politique et social. Pour eux, le message de *La Ferme des animaux* est de démontrer que le socialisme est une théorie irréalisable. Aussi nous semble-t-il indispensable de rappeler les différentes étapes de la révolution russe pour mettre en évidence la cohérence de la fiction avec les événements historiques.

## III. LA RÉVOLUTION RUSSE DE 1917

Nous retenons de cette période historique uniquement les événements qui permettent de donner un éclairage précis sur la portée allégorique de *La Ferme des animaux.*

### Les circonstances de la révolution

Depuis 1905, la Russie est un pays fragilisé par l'opposition entre le régime autocratique archaïque du Tsar Nicolas II et la volonté manifeste de la société qui aspire au changement. De plus, le pays connaît une vague d'industrialisation rapide et brutale. Si le tsar avait accepté le principe de la Douma*, assemblée élue, il continuait toutefois à gouverner seul. La Première Guerre mondiale a précipité ensuite l'évolution de la Russie. En effet, les productions sont réquisitionnées par l'armée et il est de plus en plus difficile de trouver de quoi survivre. L'armée peu à peu se désolidarise du tsar en l'accusant de profiter du conflit mondial pour renforcer son pouvoir. Les grèves se multiplient (on comptait un million de grévistes en 1916) et, pour faire face à la pénurie, des organismes se mettent en place et deviennent de véritables pouvoirs parallèles.

En cinq jours, du 23 au 28 février 1917, un mouvement populaire a raison du tsarisme et Nicolas II est contraint d'abdiquer le 2 mars. Le gouvernement provisoire émanant de la Douma, favorable à une démocratie parlementaire, est confronté aux soviets, conseils constitués de soldats, de paysans et d'ouvriers soutenus par Lénine, revenu d'exil grâce aux Allemands. À cette époque, on constate une désertion massive dans l'armée. Les émeutes de juillet, réprimées par la force, laissent le pays dans une véritable anarchie.

Lénine renverse le gouvernement par le **coup d'état des 24 et 25 octobre 1917**, et met en place le Conseil des commissaires du peuple, composé uniquement de bolcheviques, présidé par Lénine, avec Trotski au ministère des Affaires étrangères et Staline à celui des Nationalités.

## La politique de Lénine

Dès son arrivée au pouvoir, Lénine prend des décrets : **le décret sur la terre**, qui autorise la confiscation et leur mise à disposition des comités agraires, des terres appartenant aux propriétaires fonciers, aux nobles et à l'église. Les petits paysans quant à eux restent propriétaires de leurs biens. Le **décret sur l'industrie**, qui donne le contrôle des usines aux ouvriers ; le **décret sur les nationalités**, qui supprime tous les privilèges et accorde le libre développement des minorités nationales et des différents groupes ethniques ; le **décret sur la paix**, qui consacre la paix avec l'Allemagne car, pour sauver la révolution, il faut accepter la défaite et faire la paix, continuer la guerre, c'est anéantir la révolution.

Mais, très rapidement, la dictature va s'installer car pour les bolcheviques, elle est une étape nécessaire pour parvenir à une société sans classe. Dès lors, tout parti politique autre que le parti bolchevique, qui devient le parti communiste en mars 1918, est interdit. Les soviets sont épurés. La famille impériale est massacrée. L'autorité de la **Tcheka**, la police politique, est renforcée ; les récoltes sont réquisitionnées et les industries sont nationalisées.

Une contre-révolution se met en place : **les armées blanches**, conduites par d'anciens officiers tsaristes et soutenues par des pays de l'Entente qui craignent la contagion du communisme. Pour riposter, Trotski crée **l'armée rouge** : une véritable guerre civile gagne le pays de 1918 à 1922. Par ailleurs, les Marins de Cronstadt (qui avaient participé à la Révolution d'Octobre) réclament le rétablissement des soviets et l'expulsion des bolchéviques et l'URSS, fondée en 1922, instaure un état fédéral qui inclut toutes les nations contrairement au principe d'autonomie prévu par le décret de 1917. Lénine décide alors de prendre des mesures économiques : c'est la **NEP**, nouvelle politique économique, qui instaure un retour provisoire et très limité à des formes de l'économie capitaliste.

Lénine réunit à Moscou la III^e^ Internationale et décide que les partis communistes des autres pays doivent se soumettre aux directives du PC russe, érigé en modèle à suivre et pour pouvoir adhérer à l'Internationale, il faut remplir pas moins de vingt et une conditions, ce qui exclut d'emblée certains pays.

En janvier 1924, Lénine meurt. La Russie subit encore les conséquences de la guerre civile, et le PCUS (Parti communiste d'Union soviétique) se divise en deux camps : l'un autour de Trotski, partisan d'une révolution européenne et d'une gestion du parti plus démocratique ; l'autre autour de Staline, alors secrétaire général du parti, qui veut construire le socialisme uniquement en Russie et réserver les décisions aux seuls dirigeants du parti. Staline pour mettre fin à cet antagonisme, **élimine progressivement Trotski**, d'abord en lui supprimant son poste de ministre en 1925, en l'exilant à Alma-Ata en 1927, puis en l'expulsant en 1929 et enfin en le faisant assassiner au Mexique en 1940. Dès lors, depuis 1929, Staline règne en maître sur la Russie.

## La politique de Staline

**La répression et la terreur règnent partout**. Staline trouve un appui sérieux dans la Tcheka, appelée NKVD, dont le pouvoir est accru : désormais, la police peut arrêter et juger les ennemis du régime, la torture se généralise et les exécutions sans jugement ne sont pas rares. De plus la délation est encouragée par la loi de juin 1935 qui condamne à mort toute personne qui ne dénoncera pas les actions illicites. Pavlik Morozov, qui avait dénoncé son père pour sa participation à un complot, devient l'emblème de la dévotion au parti. Le **Goulag**, un des services du NKVD, service administratif qui organise et gère l'ensemble des structures pénitentiaires, est créé et envoie dans des camps de concentration tous ceux qui s'opposent au régime de Staline.

## La répression

À partir de 1933, le parti communiste est épuré de tous ceux qui sont analphabètes et de ceux qui, plus à droite, préconisent un ralentissement de la collectivisation. Entre 1932 et 1936, 750 000 membres sont exclus du parti et remplacés par des militants entièrement dévoués à Staline, 700 000 personnes sont exécutées et 2 000 000 sont envoyées dans des camps. Ces purges étaient le moyen pour Staline de s'assurer le pouvoir absolu. Le premier décembre 1934, l'assassinat de Kirov, à la tête d'un groupe qui s'apprêtait à destituer Staline, suscite la terreur. Désormais, toute tentative d'opposition à Staline est impossible. Les « **procès de Moscou** » ont raison de la vieille garde bolchevique et d'une partie de l'armée.

Si la constitution de 1936 accorde le droit pour chacun au travail, au repos, à l'assurance sociale, à l'instruction, si les libertés d'expression, de réunion et de religion sont reconnues, les faits contredisent les textes. Le pouvoir refuse toute critique, les droits syndicaux sont supprimés, ce qui ruine le concept même de liberté d'expression.

L'église orthodoxe est réduite au silence et la quasi totalité des lieux de culte sont fermés. L'enseignement religieux est interdit.

Par ailleurs, un véritable **culte de la personnalité** se développe : des portraits de Staline sont affichés dans tous les lieux publics, des statues à son effigie sont érigées sur les places publiques et dans les squares, la presse ne cesse de faire son éloge, il est salué comme un Dieu vivant et désigné par des périphrases élogieuses, « le grand architecte du socialisme », « le plus grand chef de tous les temps et de tous les pays » comme le rappelle André Gide dans son ouvrage *Retour de l'URSS ;* la ville de Volgograd est rebaptisée **Stalingrad** dès 1925.

## La collectivisation et la planification

Sur le plan économique, Staline programme trois plans quinquennaux qui se succèdent entre 1928 et 1941, favorisant ainsi le développement de l'industrie lourde au détriment de l'agriculture qui connaît une très grave crise. Staline veut étendre le contrôle de l'état, déjà exercé sur l'industrie, à la production agricole et entreprend une collectivisation brutale, imposant aux paysans de rejoindre les **kolkhozes** — exploitations où les terres appartiennent collectivement aux paysans et où les récoltes sont partagées équitablement entre les différents propriétaires — et les **sovkhozes** — fermes d'état dans lesquelles les paysans sont salariés. C'est ce qu'on a appelé la **dékoulakisation** (le terme *koulak* désignait les paysans qui s'étaient enrichis grâce à la NEP), période au cours de laquelle 1 800 000 paysans sont arrêtés et déportés.

Les ouvriers travaillent de plus en plus pour un salaire dérisoire et les paysans vivent de plus en plus mal. Le rationnement est rétabli dès 1931, on commence à manquer aussi de biens de consommation courante.

Pour autant, certains sont favorisés, et particulièrement ceux qui forment la ***nomenklatura***, terme qui désigne l'**ensemble des privilégiés du parti**. Ils sont confortablement logés, bien nourris, prennent des vacances au bord de la mer Noire, l'accès à l'université est plus facilement accessible pour leurs enfants.

Au sein même de la classe ouvrière, on favorise les différences en développant les primes au rendement. Ainsi encourage-t-on le stakhanovisme (terme qui désigne la rentabilité exceptionnelle de Stakhanov. On prétendit qu'il avait réussi à extraire, seul, 102 tonnes de charbon en cinq heures et quarante-cinq minutes) en proposant un salaire pouvant être cinq fois supérieur à celui d'un ouvrier moins rentable.

Force est donc de constater que, loin de réduire les inégalités, le régime stalinien les a renforcées et a perpétué le principe des privilèges tant récriés du temps du tsarisme.

## La révolte impossible

Certains paysans et ouvriers tentent de s'opposer au régime, mais l'opposition reste passive en raison de la terreur et des arrestations arbitraires, et finalement chacun préfère se taire. Les tortures physiques et morales ont anéanti toute forme de résistance.

Les communistes restent convaincus que le parti ne peut se tromper, et continuent de se sacrifier pour lui. Staline a réussi à imposer sa loi et à neutraliser toutes les oppositions : le totalitarisme semble invincible.

Le 23/08/1939, Staline signe — contre toute attente et au mépris de ses principes idéologiques — avec Hitler le **pacte germano-soviétique** qui établit, outre l'engagement réciproque de ne pas se déclarer la guerre, des intérêts communs en Europe occidentale.

Mais il se rapprochera des alliés lorsque Hitler attaque la Russie en juin 1941. Il participe aux accords de Yalta en février 1945, et accepte le principe de la création de l'Organisation des Nations unies. Après la Deuxième Guerre mondiale, Staline remet de l'ordre en URSS, la production de l'acier et du charbon restent ses priorités et l'agriculture est toujours en retard. Les conditions de vie demeurent très difficiles. Les déportations reprennent et s'amplifient. Il continue à régner en maître absolu jusqu'à sa mort le 6 mars 1953.

# L'ŒUVRE EN EXAMEN

## I. ÉTUDE D'ENSEMBLE

### 1. Résumé de l'œuvre

**Chapitre I** (pages 7 à 19 ; 27 à 43)[1]

Quelque part en Angleterre, à la Ferme du Manoir, un soir, alors que son propriétaire, Mr Jones, est complètement ivre, un cochon, Sage l'Ancien, le vétéran des animaux de la ferme, convoque ses congénères à une assemblée générale au cours de laquelle il leur tient un discours qui prend la forme d'un **testament spirituel**. Il fait un bilan de la condition des animaux de la ferme qui se résume en ces termes : malheur, esclavage, travail, misère et accuse l'homme de cet état de fait. Dès lors, une seule solution possible : il faut éliminer le propriétaire. Pour ce faire, il faut une union de tous les animaux pour s'opposer à la tyrannie du maître. Il appelle à la révolution et pose les bases de l'*Animalisme*, une société égalitaire dont il dicte les principes (16, 37). Par ailleurs, **il met en garde contre les dangers de la tentation du pouvoir** : les animaux doivent rester vigilants et ne jamais imiter les hommes, qui ne sont attirés que par le profit au détriment des plus faibles. Sage l'Ancien termine son discours en leur rappelant une chanson que sa mère lui chantait, chanson d'une époque révolue où l'animal était libre,

1. La double référence paginale correspond au Folio n° 1516, Gallimard, Paris, et à l'édition bilingue (traduction de J. Queval), Folio n° 38, Gallimard, Paris.

Toutes les œuvres de George Orwell — à l'exception de *1984* paru chez Gallimard — sont publiées chez Ivrea.

hymne international des animaux qui affirme la foi en un avenir meilleur qui fera régner la liberté, la prospérité et le bonheur. Le chapitre se termine sur l'intervention de Mr Jones : chacun regagne sa place.

**Chapitre II** (pages 20 à 32 ; 45 à 65)

Trois jours plus tard, **Sage l'Ancien meurt**. Pendant les trois mois qui suivent, les animaux mettent en place clandestinement le « soulèvement », sous la direction de Napoléon, Boule de Neige et Brille-Babil, qui se déclarent « maîtres à penser » de la cause animale. Ils sont confrontés aux réticences de certains animaux qui vouent encore une certaine reconnaissance à Mr Jones. Moïse, le corbeau, prône les vertus d'un christianisme animal, seul vrai bonheur. Malabar et Douce, deux chevaux de trait, sont les meilleurs adjuvants de Napoléon et de Boule de Neige, et se chargent de convaincre les irréductibles.

C'est Mr Jones qui crée les circonstances du soulèvement. Le **dimanche 22 juin**, jour de la Saint-Jean, les animaux, privés de nourriture depuis la veille, victimes de la négligence de leur maître, plus soûl que jamais, envahissent la resserre où est remisé le fourrage. Mr Jones, aidés de ses commis de ferme, essaie en vain de rétablir l'ordre :

> les hommes [...] renonçant au combat, prennent leurs jambes à leur cou. (25 ; 55)

Quatre mesures saluent la victoire des animaux : tout ce qui peut rappeler l'oppression humaine est détruit (couteaux, rênes...), la maison de Mr Jones sera transformée en musée, et « jamais aucun d'eux ne s'y installer[a] », la ferme est rebaptisée « la Ferme des animaux », enfin les sept commandements qui doivent régir la nouvelle société sont dictés (30 ; 63). **C'est l'euphorie générale, mais le chapitre se clôt sur une première entorse au principe d'égalité** : « le lait n'était plus là » (32 ; 65).

**Chapitre III** (pages 33 à 43 ; 67 à 83)

La répartition du travail et la surveillance du bon fonctionnement de la ferme incombent aux cochons, ce sont de véritables contremaîtres. Un bonheur parfait règne dans la ferme, chacun travaille, sauf les cochons, avec enthousiasme et efficacité et la fenaison est faite en un temps record. Le rendement est bien meilleur que du temps de Mr Jones et il n'y a aucune perte. Chacun mange plus qu'auparavant, les dimanches sont fériés. **Malabar devient le modèle même du bon travailleur**, entièrement dévoué à la cause de la collectivité et il prend pour devise :

Je vais travailler plus dur.

Les décisions sont prises en assemblée générale chaque dimanche. Le plan de travail est élaboré en commun. Le drapeau à l'emblème des animaux flotte. Un programme d'alphabétisation pour tous est mis en place. Une seule maxime résume la doctrine de l'Animalisme :

**Deuxpattes, oui ! quatrepattes, non !** (41 ; 81)

Le chapitre se clôt sur une deuxième entorse au principe d'égalité, les pommes sont réservées à la consommation exclusive des cochons. C'est l'occasion pour Brille-Babil de prononcer son premier discours pour justifier cette mesure et faire accepter comme normale une décision qui pourrait sembler relever de quelque privilège. Les animaux l'acceptent sans rien dire.

**Chapitre IV** (pages 44 à 52 ; 85 à 99)

C'est la fin de l'été. Le chapitre s'ouvre sur **le programme de propagande** pris en charge par les pigeons voyageurs pour aller convaincre les animaux des fermes voisines de suivre l'exemple de la Ferme des animaux.

Exposition du différend qui oppose monsieur Pilkington et monsieur Frédérick, deux fermiers aux conceptions diamétralement opposées : le premier, « vieux jeu », a une ferme mal entretenue ; le second, décidé, dur en affaires, a une ferme bien entretenue. Ces deux fermiers propagent des rumeurs mensongères sur la Ferme des animaux et affirment que tout se passe mal dans cette ferme désertée par les humains, mais c'est en vain qu'ils essaient de se protéger car on constate un début d'insubordination dans les fermes voisines.

Début octobre, on assiste à l'insurrection de Mr Jones et de ses hommes. Boule de Neige prend le commandement de la contre-attaque. Il est blessé, un mouton est tué, rapidement c'est la déroute des humains. La victoire est célébrée avec enthousiasme et remise de décorations militaires : la bataille prend le nom de « **Bataille de l'Étable** » (*The Battle of the Cowshed,* 96).

### **Chapitre V** (pages 53 à 67 ; 101 à 125)

C'est l'hiver et c'est déjà la fin de l'harmonie collective. Tout d'abord, Lubie, qui ne supporte ni le travail intensif auquel elle était contrainte, ni le renoncement à sa coquetterie et à sa gourmandise, ni l'absence de l'affection des humains, déserte la ferme pour rejoindre le clan des hommes.

Ensuite, les cochons qui travaillent à l'élaboration d'un plan annuel du travail ne sont pas d'accord : **les animaux se divisent en deux partis**, ceux qui soutiennent Napoléon qui n'a aucun projet précis, principalement les moutons qui boycottent les discours de Boule de Neige, et ceux qui soutiennent Boule de Neige favorable à une réforme du travail en vue d'une meilleure exploitation du sol pour un meilleur rendement, résumée en deux termes : « Innovation et perfectionnement » (56 ; 106). Par ailleurs, Boule de Neige soumet le projet de construction d'un moulin pour le mieux-être des animaux et propose la semaine de trois jours de travail, le reste de la semaine serait réservé aux loisirs. Napoléon combat ce projet en arguant que le temps passé à la construction du moulin serait préjudiciable aux travaux des champs, que par conséquent le rendement serait moindre et que la nourriture viendrait vite à manquer. Enfin, **les deux chefs s'opposent quant à la politique de défense de la ferme**. Boule de Neige est partisan d'une alliance avec les animaux des fermes voisines ; Napoléon, lui, préconise le recours aux armes. Le dimanche, au cours de l'assemblée générale, le projet de construction du moulin est soumis au vote. Après un discours éloquent de Boule de Neige, les animaux sont convaincus du bien fondé de sa construction mais, coup de force de Napoléon, il répond par la violence, et Boule de Neige est victime de l'attaque de neuf molosses, « on ne le revit plus » (62 ; 116).

**Le départ de Boule de Neige inaugure la terreur et la répression**. Napoléon dicte ses nouvelles décisions : les assemblées du dimanche et les débats publics sont supprimés, il accorde le seul pouvoir décisionnaire à une assemblée de cochons qu'il présiderait. Chacun se soumet à sa décision, aucune contestation n'est possible, pas même dans le clan des cochons.

Brille-Babil devient le porte-parole exclusif de Napoléon, et trouve dans le chantage une arme de persuasion idéale. Désormais, chacun de ces discours se terminera par cette même interrogative rhétorique :

> À coup sûr, camarades, vous ne désirez pas le retour de Jones ?
>
> (64 ; 120)

Le chapitre se termine sur l'annonce de la construction du moulin.

### **Chapitre VI** (pages 68 à 81 ; 127 à 149)

Les animaux travaillent de plus en plus, à une cadence infernale, soixante heures par semaine, même le dimanche après-midi. Les travaux des champs sont partiellement délaissés au profit de la construction du moulin que Napoléon a reprise à son compte. De plus, les travaux progressent lentement, les animaux se heurtent à des difficultés accrues, leur anatomie ne leur permettant pas d'accomplir des tâches qui normalement incombent aux hommes et certains matériaux ne pouvant être « fabriqués » à la ferme. Napoléon décide alors de faire du commerce avec les fermes voisines, ce qui est contraire au premier commandement de la chartre de la Ferme des animaux et contraire aussi aux conseils de Sage l'Ancien.

Napoléon fait entrer dans la ferme le premier homme collaborateur en la personne de Whymper, avoué à Willingdon. Les cochons emménagent dans la maison de Mr Jones. Dès lors, le quatrième commandement est amendé :

**Nul animal ne dormira dans un lit, avec des draps.**

De plus, ils s'autorisent une heure de sommeil en plus. Le principe d'égalité est désormais caduc d'autant plus que la hiérarchie est de plus en plus évidente et Napoléon est investi de « la dignité du chef ».

Une nuit de novembre, une tempête réduit à néant le début de la construction du moulin. Napoléon profite de la situation pour accuser Boule de Neige, manipulation pour entretenir chez les animaux la haine de Boule de Neige et maintenir la terreur. Boule de Neige est condamné à mort par contumace et une prime sera attribuée à qui le capturera vivant. La fin du chapitre annonce la reconstruction du moulin.

### **Chapitre VII** (pages 82 à 98 ; 151 à 179)

L'hiver est rude et les animaux s'activent à la construction du moulin, mais avec « un moindre enthousiasme » (83 ; 153). C'est le début de la décadence de la ferme : fin janvier, la nourriture manque au point qu'**« ils semblaient menacés de mort lente »** (83 ; 153). Pour autant, Napoléon veut que cette réalité soit cachée aux hommes et met en place toute une mise en scène pour sauver les apparences à chaque venue de Whymper.

**Tentative de révolte des poules** qui refusent de céder leurs œufs contre du grain, elles préfèrent les casser, mais la privation de nourriture a raison de leur révolte, elles capitulent au bout de cinq jours. C'est le début du commerce extérieur avec la vente des œufs au marché voisin.

Napoléon continue de répandre la peur de Boule de Neige et l'accuse de tous les malheurs qui arrivent à la ferme. Brille-Babil l'accuse même d'avoir été depuis le début du côté de Mr Jones et n'hésite pas à prétexter des pièces à conviction, preuves tangibles de sa trahison. Pourtant, les premiers doutes nuancés se font entendre : « Ils se rappelaient, ou du moins croyaient se rappeler, Boule de Neige chargeant à leur tête à la bataille de l'Étable » (89 ; 163), Malabar « demeurait perplexe » (89 ; 163) mais il se laisse convaincre et admet l'infaillibilité de Napoléon : « Si c'est le camarade Napoléon qui le dit, ce doit être vrai. » (91 ; 167)

Coup de force de Napoléon pour asseoir son autorité : **il organise un procès public** où chacun vient s'accuser de connivence avec l'ennemi, et fait exécuter les coupables. **La Ferme des animaux devient le théâtre d'un immense massacre**, ce qui est contraire au sixième commandement ; la tactique d'intimidation réussit et Douce éprouve certes de pathétiques regrets, mais accepte sans réserve l'autorité de Napoléon. Désormais le chant révolutionnaire, *Bêtes d'Angleterre,* est interdit car caduc.

### **Chapitre VIII** (pages 99 à 118 ; 181 à 215)

Le sixième commandement est amendé :

**Nul animal ne tuera un autre animal sans raison valable.**

(99 ; 181)

La somme de travail est de plus en plus lourde, beaucoup plus que du temps de Mr Jones et les animaux sont de plus en plus mal nourris. **Le protocole est renforcé et le culte de Napoléon est de**

**plus en plus prononcé**, comme en témoignent les différentes périphrases pour désigner Napoléon :

> le père de tous les animaux, Terreur du Genre Humain, Protecteur de la Bergerie... (101 ; 185)

Minimus, le poète officiel de la ferme, écrit une ode à la gloire de Napoléon ; le portrait de Napoléon occupe une place stratégique sur le frontispice de la grange. Par crainte de complot, Napoléon est sous haute protection et fait même goûter ses repas. Le commerce extérieur prend de l'ampleur et Napoléon fait des tractations avec Pilkington et Frederick. Les rumeurs les plus folles tant sur Boule de Neige que sur ce qui se passait dans les autres fermes, entretiennent la terreur et poussent les animaux à s'accuser de complots imaginaires, voire à se suicider.

Après deux ans les travaux du moulin sont enfin terminés et il est baptisé **« Moulin Napoléon »** (107 ; 195). **Le commerce avec Frederick est officialisé**, et celui qui était tenu pour l'ennemi de la Ferme des animaux devient son meilleur allié. Napoléon s'avère un parfait négociateur qui n'a pas d'autre objectif que le profit maximal, contrairement aux préceptes de Sage l'Ancien qui interdisait tout négoce mais Frederick, plus malin, a payé Napoléon avec de faux billets.

Frederick et ses partisans attaquent la Ferme des animaux, Pilkington, vexé de n'avoir pas conclu le marché du bois avec Napoléon, refuse de lui porter secours. Le moulin est détruit ce qui provoque une lutte acharnée entre les animaux et les hommes, les animaux sortent vainqueurs de la bataille mais non sans dommages. Cette bataille est appelée **la bataille du Moulin à Vent** et est l'occasion de l'émission d'une nouvelle décoration militaire. Le soir même, Napoléon et ses partisans fêtent la victoire au whisky, contrairement au cinquième commandement. La ferme se lance dans la culture de l'orge pour pouvoir faire de la bière. Le cinquième commandement est à son tour réécrit comme suit :

**Aucun animal ne boira d'alcool à l'excès.** (118 ; 215)

**Chapitre IX** (pages 119 à 135 ; 217 à 243)

La reconstruction du moulin se fait très lentement d'autant que Malabar, blessé au cours de la dernière bataille est moins performant même s'il est toujours aussi déterminé à travailler toujours plus. Théoriquement il devrait être en retraite dans quelques mois, l'âge de la retraite pour les chevaux ayant été fixé après douze années de travail. **Les animaux souffrent de plus en plus de la faim, sauf les cochons et les chiens qui ne sont pas soumis aux restrictions**, le travail intellectuel étant plus difficile que le travail physique. Les autres animaux subissent de lourdes restrictions économiques pour que Napoléon puisse construire une école pour sa progéniture et pour subvenir à ses besoins personnels de plus en plus exigeants.

En avril la République des Animaux est proclamée et tout naturellement, Napoléon, seul candidat, est élu président. Moïse fait une réapparition pour prêcher un avenir meilleur sur la Montagne de Sucrecandi et nombre d'animaux sont séduits par cette idée, persuadés qu'ils sont maintenant qu'ils ne vivent pas dans le meilleur des mondes.

Accablé par le travail, mal nourri, Malabar fait une mauvaise chute. Deux jours plus tard, on emporte Malabar, non chez le vétérinaire pour se faire soigner, mais chez l'équarrisseur.

Douce et ses amis comprennent hélas trop tard et ne peuvent rien pour le sauver. Brille-Babil veut faire croire à une mort naturelle et orchestre une oraison funèbre à la gloire de Malabar, vantant ses mérites et le donnant comme exemple à suivre.

**Chapitre X** (pages 136 à 151 ; 245 à 271)

Plusieurs années se passent et se déclinent au rythme des décès, sans qu'aucun animal ne puisse bénéficier d'une retraite. Napoléon est devenu monstrueux tant il est gros et gras, tout comme Brille-Babil. La ferme s'est agrandie, modernisée et mécanisée. L'idée même de la révolution des animaux et les fondements de l'Animalisme sont oubliés par les plus anciens et ignorés par les nouveaux que l'on se garde bien d'instruire. Les conditions de vie sont épouvantables mais pour autant, chacun espère toujours en un jour meilleur. La fierté d'appartenir à la Ferme des animaux n'est pas altérée et en dépit des évidences, ils restent persuadés que « tous les animaux [sont] égaux » (141 ; 253). Les moutons bénéficient d'un traitement de faveur, en remerciement de leur adhésion aveugle au pouvoir, mais surtout pour mieux les endoctriner.

Progressivement, les cochons se transforment, deviennent bipèdes, événement salué par une nouvelle chanson reprise en chœur par les moutons : **« Quatrepattes, bon ! Deuxpattes, mieux ! »** (143 ; 257) La charte des sept commandements est réduite à un seul : **« Tous les animaux sont égaux, mais certains sont plus égaux que d'autres. »** Dès lors la phase d'humanisation des animaux est terminée, tel Mr Jones, ils avancent le fouet à la main, portent des vêtements, se procurent téléphone et télévision et entretiennent avec les fermiers voisins des relations confraternelles. Le roman se clôt sur l'image d'un repas qui scelle le pacte d'entente cordiale entre Napoléon et les hommes et leurs intérêts communs. La Ferme des animaux est rebaptisée « la Ferme du Manoir » et les cochons sont les propriétaires de cette exploitation. Tout ce qui peut rappeler la Ferme des animaux est aboli : on ne s'appellera plus « camarade », le crâne de Sage l'Ancien, désormais désigné par l'appellation péjorative de « vieux verrat » ne fera plus l'objet d'un culte, et le sabot et la corne ne figureront plus sur le drapeau.

De l'animalisation à l'humanisation, tel est le parcours sur lequel se clôt le roman :

> Dehors les yeux des animaux allaient du cochon à l'homme et de l'homme au cochon [...] mais déjà il était impossible de distinguer l'un de l'autre.

## 2. La structure

### Le titre

En choisissant pour titre *La Ferme des animaux,* George Orwell met en évidence l'appartenance de la ferme à la gente animale, confère aux animaux une place privilégiée, et présente la ferme comme un monde clos sur lui-même. Dès lors le titre interpelle et crée un horizon d'attente qui suscite la curiosité du lecteur puisqu'il nous invite à pénétrer un monde rural inhabituel, une ferme étant généralement identifiée par le nom d'un propriétaire humain ou par le lieu de son implantation et inscrit déjà implicitement la particularité générique de la fable. Or l'incipit* nous fait entrer dans un monde rural conventionnel :

> Le propriétaire de la ferme du manoir, Mr Jones... (7 ; 21)

Le titre et la première phrase du récit semblent donc être en contradiction, mais surtout cette première phrase donne au titre un sens polysémique* et entraîne des interrogations auxquelles la structure peut répondre :

– première hypothèse : la Ferme des animaux et la Ferme du Manoir sont une seule et même ferme et l'auteur a seulement voulu privilégier les animaux ;

– deuxième hypothèse : la Ferme du Manoir devient la Ferme des animaux, dans ce cas, l'auteur insiste sur la transformation de la ferme ;

– troisième hypothèse : la Ferme des animaux est différente de la Ferme du Manoir, et c'est sur la différenciation que l'auteur a voulu insister ;

– quatrième hypothèse : la Ferme des animaux devient la Ferme du Manoir, et il s'agit de mettre en évidence le retour à une situation conventionnelle.

### Une structure simple, en apparence

*La Ferme des animaux* est un récit assez court, structuré en dix chapitres à l'intérieur desquels le temps de narration est sensiblement également réparti, et occupe entre neuf pages au minimum et dix-sept pages au maximum.

La lecture des deux premiers chapitres laisse augurer un **schéma narratif simple**. En effet, le premier chapitre donne à lire toutes les informations nécessaires à la mise en place de l'intrigue : le cadre spatial est défini, la Ferme du Manoir quelque part en Angleterre, les principaux protagonistes sont présentés, Mr Jones et les différents animaux de la Ferme ; la situation initiale est très explicite, les animaux de la Ferme du Manoir vivent dans la misère et ne supportent plus la tyrannie de leur maître ; enfin, l'intrigue est clairement définie : il s'agit pour les animaux de faire valoir leurs droits et puisque « Tous les maux [...] sont dus à l'homme, [leur] tyran », une seule solution s'offre à eux : « Débarrassons-nous de l'Homme » (14 ; 33), telle est la suggestion de Sage l'Ancien. Une seule interrogation demeure, « Quand aura lieu le soulèvement ? » (14 ; 35)

Entre le chapitre I et le chapitre II, nous constatons une ellipse temporelle de trois jours, puis un sommaire de trois mois, au cours desquels les animaux ont organisé le soulèvement et posé les bases de leur « philosophie », l'*Animalisme*. L'élément perturbateur, Mr Jones, est évincé le dimanche 24 juin, jour de la Saint Jean, seule référence temporelle précise dans tout le récit. Ainsi, la question posée par Sage l'Ancien sur la date de la révolution trouve sa réponse. Le récit du soulèvement est très rapide, à peine vingt-trois lignes. La suite du chapitre est consacrée à la prise de possession de la ferme par les animaux et à l'organisation de leur nouvelle existence.

On peut établir ainsi **un premier schéma narratif** :

**Situation initiale :** les animaux sont malheureux
**Élément perturbateur :** Mr Jones

**Action :** l'intervention de Sage l'Ancien, les préparatifs du soulèvement

**Élément équilibrant :** le jour de la Saint-Jean, les animaux se révoltent

**Situation finale :** Mr Jones abandonne la ferme aux animaux ; commence une nouvelle vie dans l'allégresse générale.

Mais, dès la fin du chapitre II, on assiste à une première remise en cause du principe d'égalité de tous les animaux : les cochons gardent le lait pour eux, au lieu de le distribuer. Dès lors, l'enchaînement des chapitres obéit à une nouvelle logique : chaque chapitre fait le récit de situations et de comportements qui conduisent à la faillite de la Ferme des animaux. Seul le chapitre IV ne sera pas l'objet d'une atteinte aux commandements qui régissent la ferme. En revanche, dans ce chapitre, outre la confirmation du pouvoir des animaux par la victoire remportée sur Mr Jones venu reprendre possession de ses terres, deux nouveaux protagonistes humains font leur entrée dans le récit, Mr Pilkington et Mr Frederick, personnages qui joueront un rôle décisif dans l'évolution de la ferme.

Le chapitre III confirme l'atteinte au principe d'égalité des animaux. Alors que Boule de Neige déclarait au chapitre II « Nous allons faire les foins sans plus attendre » (29 ; 61), le chapitre III s'ouvre sur cette remarque du narrateur : « Les cochons, à vrai dire, ne travaillaient pas : ils distribuaient le travail et veillaient à sa bonne exécution. » (33 ; 67) Dès lors se met en place une société hiérarchisée qui repose sur la distinction entre la classe dirigeante et la classe ouvrière, distinction qui génère une inégalité matérielle dans la répartition de la nourriture : le lait et les pommes deviennent « prérogative des cochons » (43 ; 83), alors que pour les autres animaux de la ferme « un partage équitable […] semblait aller de soi. » (42 ; 81)

Par ailleurs, le chapitre V, chapitre central dans l'économie du récit et capital pour l'évolution de la Ferme des animaux, est en grande partie consacré à l'antagonisme entre Napoléon et Boule de Neige et à ses conséquences directes, à savoir la fuite de Boule de Neige, fuite contrainte et forcée par l'agression des « Molosses » orchestrée par Napoléon. Ce coup de force par lequel Napoléon impose son pouvoir marque la deuxième étape importante dans le processus de dégradation de l'harmonie et du bien-être dans la ferme, comme le corrobore la première mesure antidémocratique prise par Napoléon : la suppression de « l'assemblée du dimanche » jugée inutile. À partir de ces événements, les chapitres s'enchaînent au rythme de la montée en puissance de la dictature de Napoléon et chaque chapitre illustre une étape supplémentaire vers un totalitarisme absolu scandé par les atteintes successives aux commandements de l'*Animalisme.*

Aussi la suite du récit obéit-elle à **un deuxième schéma narratif** :

**Situation initiale** (chapitres I, II, III, IV) : révolution, prise du pouvoir par les animaux, instauration d'un nouveau régime de fonctionnement de la ferme, union, harmonie et bonheur règnent dans la Ferme des animaux.

**Élément perturbateur** (chapitre V) : les différends entre Napoléon et Boule de Neige.

**Actions** : expulsion de Boule de Neige.

Les nouvelles mesures prises par Napoléon :

• Chapitre V : suppression de l'assemblée du dimanche.

• Chapitre VI :

– réduction du temps de repos, les animaux doivent travailler le dimanche après-midi.

– début du commerce extérieur avec les fermes voisines (chapitre VI), **qui invalide le premier commandement de la chartre** à savoir : « Tout Deuxpattes est un ennemi » et renie la proposition de Sage l'Ancien qui voulait que « Jamais un animal ne touch[e] à l'argent, ni ne fasse de négoce. » (16 ; 37)

– institutions de privilèges pour les cochons (chapitre VI) : ils emménagent dans la maison de Jones, initialement transformée en musée, symbole d'une époque révolue, et ils amendent le quatrième commandement : « Nul animal ne dormira dans un lit avec des draps » (76) ; ils s'octroient une heure de sommeil supplémentaire.

• Chapitre VII :

– le commerce avec l'extérieur prend de plus en plus d'ampleur.

– atteinte au principe de la souveraineté animale et **reniement du deuxième commandement** : « Tout Deuxpattes est un ami ». Non seulement Boule de Neige est déclaré l'ennemi public par excellence mais de plus, les confessions publiques imposées par Napoléon sont suivies d'une série d'exécutions qui sont **contraires au sixième commandement** : « Nul animal ne tuera un autre animal. »

– réécriture du premier commandement : **« Quattrepattes, bon ! Deuxpattes, mieux ! »**

• Chapitre VIII :

– amendement du sixième commandement : **« Nul animal ne tuera un autre animal sans raison valable. »** (99 ; 181)

– par décret spécial, l'hymne révolutionnaire, *Bêtes d'Angleterre,* est interdit pour la seule raison arbitraire que ce chant n'a plus de valeur puisque les animaux sont maîtres de la ferme.

– vente du bois de charpente à Frederick.

– Napoléon fête la victoire de la bataille du Moulin en bafouant le cinquième commandement, qui devient **« Aucun animal ne boira de l'alcool, à l'excès. »** (118 ; 215, chapitre VIII)

• Chapitre IX :

– proclamation de « La République des Animaux ». Le chapitre III prévoyait que « la République [...] serait proclamée au renversement définitif de la race humaine. » (37 ; 73) Or elle est proclamée alors que les hommes sont de plus en plus présents à la ferme et de plus en plus indispensables à son développement économique.

– atteinte suprême au principe de souveraineté animale, Malabar est envoyé à l'équarrissage ; Napoléon agit tel Mr Jones, comme l'avait prédit Sage l'Ancien : « Toi, Malabar, le jour où tes muscles fameux n'auront plus leur force ni leur emploi, Jones te vendra à l'équarrisseur, et l'équarrisseur te tranchera la gorge. » (14 ; 33)

• Chapitre X :

– **Napoléon outrepasse le troisième commandement** : « Nul animal ne portera de vêtement », puisqu'il a endossé la veste de Mr Jones.

– enfin, le septième commandement est nuancé :

« TOUS LES ANIMAUX<br>
SONT ÉGAUX<br>
MAIS CERTAINS SONT PLUS ÉGAUX<br>
QUE D'AUTRES ».

Désormais la chartre fondatrice n'a plus raison d'être, tous les commandements sont invalidés et remplacés par un dogme unique qui entérine le principe d'inégalité.

Parallèlement à la montée en puissance du pouvoir absolu de Napoléon, la situation et les conditions de vie des autres animaux de la ferme se dégradent. Ils ne sont plus consultés sur les décisions, au contraire elles leur sont imposées et aucune discussion n'est possible. Ils travaillent de plus en plus et sont de moins en moins bien nourris, les restrictions alimentaires sont de plus en plus importantes. Ils vivent dans la terreur, ils sont de moins en moins libres et de plus en plus malheureux.

**Situation finale :** Tous les commandements ont été bafoués ; Napoléon scelle une alliance définitive avec les hommes ; le principe d'inégalité devient souverain, les animaux autres que les cochons sont malheureux et esclaves.

Ces deux schémas narratifs, pour différents qu'ils soient, ne sont pas pour autant indépendants et ne correspondent pas à deux récits différents, au contraire ils entretiennent entre eux une relation de cause à effet qui permet de parler de **structure d'enchâssement**. Le premier schéma entraîne le second et les différentes intrigues : la première : quand aura lieu le soulèvement des animaux ? ; la deuxième : comment va se résoudre le conflit entre Napoléon et Boule de Neige ? ; la troisième : comment vont réagir les animaux sous la tyrannie de Napoléon ? ; de plus, deux péripéties causées par l'extérieur viennent s'intercaler dans les intrigues, il s'agit de la tentative de reprise de possession des lieux par Mr Jones et le commando destructeur organisé par Mr Frederick. Ces différentes évolutions et ces différents événements créent une dynamique du récit. *La Ferme des animaux* est en fait la chronique d'une déception annoncée dès la fin du deuxième chapitre, sans que pour autant aucune prolepse ne vienne anticiper sur l'issue du récit.

Ce qui explique l'évolution narrative c'est le changement de but. En effet, au début, le seul objectif des animaux est d'éliminer la cause de leurs malheurs pour pouvoir vivre en toute sérénité du fruit de leur travail, mais Napoléon a un autre objectif, le pouvoir absolu, et il réussit à imposer son projet personnel. Le traître n'est pas, comme le prétend Napoléon, Boule de Neige, mais Napoléon lui-même.

Dès lors, on peut résumer *La Ferme des animaux*, par ce schéma narratif :

**Situation initiale :** les animaux sont heureux dans la ferme débarrassée de Mr Jones

**Élément perturbateur :** Napoléon

**Action :** la prise du pouvoir par Napoléon

**Situation finale :** les animaux sont malheureux

### Une structure-sens

Ces différents schémas narratifs forment une structure-sens. En effet, le premier schéma met en évidence une évolution positive de la situation des animaux, le récit rend compte de la progression du déséquilibre à l'équilibre, du malheur au bonheur, de l'asservissement à la liberté. En revanche, le second schéma obéit à une évolution contraire, de l'équilibre au déséquilibre, du bonheur au malheur, de la liberté à l'asservissement. On constate donc une **structure en chiasme*** :

Schéma n° 1 : malheur → bonheur

Schéma n° 2 : bonheur → malheur

Ces deux schémas offrent deux lectures différentes, le premier, privilégie la satire du pouvoir et de l'exploitation des animaux par les hommes, le deuxième, la satire de la dictature des cochons. De plus, ils mettent en évidence l'**échec de la tentative de révolution sociale**, elle reste du domaine du rêve, de l'espoir, elle n'est pas réalisable.

La structure en chiasme* permet alors de constater que le récit repose sur une **structure en opposition**. L'évolution entre la situation initiale et la situation finale donne lieu à un schéma inversé, puisqu'on assiste à une progression négative entre le début et la fin du récit. « C'était comme le monde à l'envers » (143 ; 257), constate le narrateur dans le dernier chapitre. En effet, le chapitre X est en totale opposition avec les prophéties de Sage l'Ancien et les espoirs investis par les animaux dans la révolution menée contre l'Homme. Les animaux passent de l'oppression de l'homme à celle exercée par l'un des leurs. On peut élaborer le tableau suivant :

| Le rêve | La réalité |
| --- | --- |
| Une vie sans les hommes<br>Une égalité parfaite entre tous les animaux<br>Les fruits de leur travail pour eux exclusivement<br>Moins de travail et plus de loisirs<br>Une nourriture abondante<br>Une fin de vie tranquille<br>Le bonheur<br>La liberté<br>La considération | Un pacte économique et amical avec les hommes<br>L'inégalité et les privilèges pour les porcs<br>Les bénéfices du travail pour les cochons<br>Un travail de plus en plus pénible et aucun loisir<br>Des restrictions alimentaires<br>L'équarrissage<br>Le malheur<br>L'esclavage<br>Le mépris |

À la fin du récit, tout ce qui pouvait évoquer la révolte des animaux a disparu : les seuls survivants de cette époque héroïque sont Douce, Benjamin et Moïse, et aucune des promesses d'un bonheur parfait n'a été tenue :

> Depuis belle lurette on ne parlait plus de réserver un coin de pacage aux animaux sur le retour. (136 ; 245)

> [...] de toutes les belles choses dont Boule de Neige avait fait rêver les animaux — la semaine de trois jours, les installations électriques, l'eau courante chaude et froide — on ne parlait plus. (138 ; 249)

Force est de constater aussi que le récit est circulaire et répond à une **structure en boucle**. La situation initiale du chapitre I correspond à la situation finale du chapitre X ; seule la cause a changé : dans le chapitre inaugural, c'est Mr Jones qui est responsable du malheur des animaux, dans le chapitre de clôture, c'est Napoléon. Les animaux se trouvent dans la même expectative : comment se départir de l'oppression de Napoléon. Tout est à recommencer, **c'est une histoire sans fin**. Une étude comparative des chapitres I et X est à cet égard tout à fait éloquente.

| Chapitre I | Chapitre X |
|---|---|
| « L'Homme est la seule créature qui consomme sans produire » (12)<br>« … nous avons une vie de labeur, une vie de misère, une vie trop brève. » (11) | « Cochons et chiens ne produisaient pas de nourriture par leur travail » (139)<br>« Leur vie était comme elle avait toujours été. Ils avaient le plus souvent faim, dormaient sur la paille, buvaient l'eau de l'abreuvoir, labouraient les champs. Ils souffraient du froid l'hiver et l'été des mouches. » (139) |
| Les animaux travaillent pour enrichir Mr Jones | Les animaux travaillent pour enrichir Napoléon |
| La Ferme du Manoir (7) qui appartient à Mr Jones | La Ferme du Manoir (150) qui appartient à Napoléon. |
| L'Homme est un tyran et un bourreau | Napoléon supervise le travail, « un fouet dans sa patte » (142) |

Les seules différences qui séparent ces deux chapitres sont que, d'une part, la ferme s'est modernisée et est mieux entretenue que du temps de Mr Jones, changement positif mais nuancé puisque cette évolution mécanique de la ferme est au seul profit de l'enrichissement personnel de Napoléon, et non comme le prévoyait Boule de Neige pour un bien-être accru : « On eût dit qu'en quelque façon la ferme s'était enrichie sans rendre les animaux plus riches — hormis assurément les cochons et les chiens. » (138 ; 249), et d'autre part, les animaux sont encore plus malheureux que du temps de Mr Jones. Par ailleurs, au regard des intentions de Napoléon à savoir trahir et détourner les fondements même de l'*Animalisme* pour les mettre au service de son seul pouvoir et de ses seuls intérêts, on constate que la boucle est bouclée à la fin du chapitre X quand la chartre des sept commandements est remplacée par un commandement unique qui pose comme fondement de la législation de la ferme le principe d'inégalité, en totale contradiction avec le principe fondateur de l'*Animalisme.*

Enfin, de l'évolution du comportement des cochons tout au long du récit se dégage une **structure en écho**. L'antagonisme entre Mr Pilkington et Mr Frederick au chapitre IV n'est pas sans annoncer celui qui opposera Napoléon à Boule de Neige. Comme les deux fermiers, Napoléon et Boule de Neige ne sont jamais d'accord entre eux et dans le texte l'expression de leurs différends se fait écho :

> Les deux propriétaires se détestaient au point qu'il leur était malaisé de s'entendre, fût-ce dans leur intérêt commun. (45 ; 87)

> Tout sujet prêtant à contestation les opposait. L'un proposait-il un ensemencement d'orge [...] : l'autre immanquablement, plaidait pour l'avoine. (55 ; 105)

Les hommes et les animaux ont les mêmes attitudes, ils sont rivaux plutôt que de s'unir pour défendre une même cause et des intérêts communs. De plus, comme Pilkington qui préfère consacrer son temps à ses loisirs plutôt qu'à faire prospérer sa ferme, Napoléon, lui, ne propose jamais « aucun projet » (56 ; 107) et ne « port[e] aucun intérêt aux Commissions de Boule de Neige » qui, comme Mr Frederick, est soucieux de l'organisation et du rendement de sa ferme.

**Le phénomène d'écho le plus important est celui qui permet d'établir une ressemblance quasi parfaite entre Mr Jones et Napoléon** : comme le propriétaire considéré au départ comme un anti-modèle, Napoléon boit de l'alcool, fume sa pipe, porte ses vêtements, habite dans sa maison, est soucieux de son confort, réprime les animaux avec son fouet, fait vendre au marché les œufs, et finalement, à force de calquer son comportement sur celui qui est devenu désormais son modèle, il marche sur deux pattes. La ressemblance est telle qu'« [...] il était impossible de distinguer l'un de l'autre » (150 ; 271).

La structure de *la Ferme des animaux* est donc une structure beaucoup plus complexe qu'elle ne le paraît d'abord et offre une diversité d'approches ce qui participe à la pluralité des lectures et permet de s'adresser à des lectorats différents, comme nous l'étudierons par ailleurs.

## 3. Les personnages

### Les hommes

Conformément à l'horizon d'attente induit par le titre, les animaux sont au centre du récit et les personnages humains sont peu nombreux. Ils sont exclusivement masculins, la femme de Mr Jones n'étant citée que deux fois et à titre purement anecdotique, la première fois pour nous dire qu'elle « ronfle », tandis que son mari rentre complètement ivre à la maison, et la seconde fois pour nous apprendre qu'elle se précipite hors de la ferme lors de la révolution des animaux.

***La Ferme des animaux*** **peut être lue comme un vaste réquisitoire contre l'Homme en général**, toujours désigné avec une majuscule. Il s'agit d'établir une comparaison entre deux espèces, l'espèce animale et l'espèce humaine. Les personnages humains sont caractérisés par rapport aux différences qu'ils entretiennent avec le monde animal. Dès lors, les animaux sont les comparants et les hommes les comparés. C'est Sage l'Ancien qui, dans son discours, dresse le portrait le plus expressif de l'Homme. Il est responsable du malheur des animaux : « Tout tient en un mot : l'Homme. Car l'Homme est notre seul véritable ennemi. » (12 ; 31) Et Sage l'Ancien de décliner tous les défauts de l'Homme :

C'est un **« parasite »** incapable de subvenir à ses besoins et qui ne doit sa survie qu'au travail des animaux : « L'Homme est la seule créature qui consomme sans produire. » (12 ; 31), et l'image récurrente qui parcourt le récit est celle de « bons à rien », de « parasites » (34 ; 69), « d'une bande d'humains désœuvrés » (68 ; 127). L'homme est tout juste bon à « distribuer les tâches » (12 ; 31).

C'est un **vampire** qui vit aux dépens des animaux : « De chaque goutte [de lait] l'ennemi s'est délecté et rassasié. » (13 ; 31)

C'est un **voleur** qui prive les animaux du fruit de leur travail et ne leur accorde « que la maigre pitance qui les maintient en vie. Puis il garde pour lui le surplus. » (12 ; 31)

C'est un **tyran** qui exploite les animaux en leur imposant un travail pénible pour son seul bien-être car il « ne connaît d'autres intérêts que les siens. » (14 ; 35)

C'est **« un suzerain »** qui règne en maître absolu sur sa ferme et qui impose ses lois.

C'est un **esclavagiste** qui réduit les animaux à n'être que des bêtes de somme sans leur accorder la moindre liberté et qui les contraint de travailler sous la menace du licou, des rennes ou des muselières.

C'est un **« bourreau »** qui n'hésite pas à user de la violence pour obtenir plus de travail et qui se promène « le fouet à la main » (25 ; 53).

C'est un **criminel** qui paye d'ingratitude les bons et loyaux services que lui ont rendus les animaux, qui les vend à l'équarrisseur quand ils sont devenus trop vieux pour être rentables, et qui noie ceux dont il ne peut plus tirer aucun profit, tels les chiens.

C'est un **hypocrite** qui feint de prendre en considération les intérêts des animaux : « Ne prêtez pas l'oreille à ceux selon qui l'Homme et les animaux ont des intérêts communs [...] ce ne sont que mensonges. » (15 ; 35)

Par ce portrait exclusivement négatif et sans concession, Sage l'Ancien met en évidence l'injustice dont les animaux sont victimes et veut faire prendre conscience à ses congénères que leur salut dépend de leur volonté à vouloir se départir de leur soumission inconditionnelle à l'Homme. **Ce cri de haine est une véritable déclaration de guerre**, seul moyen efficace pour retrouver leur liberté et connaître bonheur et dignité. Dès lors un seul mot d'ordre : « Tout Deuxpattes est un ennemi ». Outre cette vision générale, quatre personnages sont nettement individualisés et jouent un rôle dans l'évolution narrative. Trois de ces personnages, messieurs **Jones**, **Pilkington** et **Frederick**, appartiennent à la classe des paysans, le quatrième, monsieur **Whymper**, est un avoué. Chacun de ces personnages incarne un type de comportement particulier à l'égard de la Ferme des animaux. **Mr Jones** est « le propriétaire de la Ferme du Manoir » (7 ; 27). C'est sur lui que s'ouvre le récit et le portrait qui en est fait offre une image totalement négative du fermier qui néglige sa ferme et se désintéresse de son travail. Les bâtiments d'exploitation sont laissés à l'abandon et « les toits [...] menaçaient ruine » (24 ; 51) ; les champs sont mal entretenus et « envahis de mauvaises herbes » (24 ; 51) ; il oublie de « rabattre les trappes du poulailler » (7 ; 21) ; les animaux sont mal nourris. De plus, il est entouré d'ouvriers « filous et fainéants » (24 ; 51) sur lesquels il ne peut pas compter puisqu'ils oublient de nourrir le bétail quand il est absent.

Si le narrateur précise que Mr Jones fut autrefois un fermier « à la hauteur de sa tâche » (24 ; 51), il n'en demeure pas moins que la situation dans laquelle il se trouve au début du récit est désolante, situation qui se dégrade très rapidement à un point tel qu'elle le ruine. En effet, incapable de surmonter des tracasseries judiciaires, qui ne sont d'ailleurs pas précisées, il se laisse aller et sombre dans un alcoolisme chronique de plus en plus invalidant. Il boit « plus que de raison » (24 ; 51), rentre chez lui en « titubant » et boit encore « un dernier verre » (7 ; 21) avant de se coucher. Après son expulsion de la ferme, on ne le retrouvera qu'à la *buvette du Lion rouge* à Willingdon. Violent, il est représenté « le fouet à la main » (25 ; 53), et il déchaîne sa colère contre les animaux insoumis par « une volée de coups » (25 ; 53). Pour autant, la puissance et la violence de Mr Jones sont vaines face à la force collective des animaux et le rapport de force se trouve inversé lorsque les animaux se rebellent.

Très vite il est dépassé par la situation, il prend peur et abandonne toute forme de résistance :

> Les hommes perdirent la tête, renonçant au combat, prirent leurs jambes à leur cou. (25 ; 55)

Incapable de s'opposer à la force physique des animaux réunis, Mr Jones est expulsé. Ainsi quitte-t-il le récit dès le début du deuxième chapitre. Certes on le retrouve au chapitre cinq dans son cadre de prédilection, *la buvette du Lion Rouge*, où il se plaint car il se considère comme une victime et il essaie de chercher le soutien des autres fermiers, mais s'ils sont « compatissants en principe » (44 ; 85), ils ne le défendent pas pour autant, au contraire, ils se désolidarisent de lui.

**Contrairement aux animaux, les hommes sont incapables de s'organiser et de s'unir pour défendre leur cause**, ils obéissent à la règle du chacun pour soi et espèrent tirer profit de cette nouvelle situation. Mr Jones est donc abandonné par ses semblables et il réussit tout au plus à regrouper autour de lui ses ouvriers agricoles et quelques six autres appartenant aux fermes voisines de Pinchfield et de Foxwood lorsqu'il décide de tenter de « reprendre possession des lieux » (47 ; 91). Malgré les « gourdins » et son « fusil », c'est la déroute : « Les hommes filent hors de la cour [...] puis s'enfuient sur la route. » (49 ; 95) Mr Jones part vivre ailleurs et, de façon tout à fait anecdotique, on apprend au début du chapitre X qu'il est mort des conséquences de son alcoolisme. Même son souvenir s'estompe :

> À la vérité, Jones avec tout ce qu'il avait représenté ne leur rappelait plus grand-chose. (121 ; 221)

Tout au plus il demeure comme arme de persuasion dans la rhétorique des discours de Brille-Babil, qui invoque toujours le spectre menaçant de Mr Jones pour entretenir la phobie de l'homme chez les animaux de la ferme et leur faire accepter tout ce que veut

Napoléon et qui, à juste titre, pourrait paraître contraire aux commandements en vigueur.

Loin de considérer Mr Jones comme un personnage protatique*, force est de constater que sa présence et son rôle se limitent à la mise en place de l'intrigue principale à savoir la gestion de la ferme par les animaux. Par ses négligences, il fournit aux animaux l'occasion de se soulever et de mettre en place une nouvelle gestion de la ferme. Il représente un pouvoir sur le déclin, et sa « ferme vieillotte [qui] n'était pourvu que de l'outillage le plus primitif » (57 ; 107), un pays qui s'essouffle et qui n'est pas adapté à l'évolution politique, sociale et économique. Ce n'est pas tant le procès de Mr Jones que George Orwell a voulu faire, mais celui de Napoléon et de la dictature qu'il instaure. D'abord considéré comme l'ennemi par excellence, comme un contre-exemple, Mr Jones deviendra en fait le modèle de Napoléon comme en témoigne la ressemblance entre les deux personnages à la fin du récit. Napoléon est devenu l'incarnation, en pire, de Mr Jones.

**Mr Pilkington** et **Mr Frederick** sont les deux autres fermiers et apparaissent dans le récit après la révolte des animaux de la Ferme du Manoir. Toutefois ce n'est pas en qualité de gestionnaires de leur ferme respective qu'ils interviennent ; ce qui importe, c'est d'une part leur antagonisme, et d'autre part les relations qu'ils entretiennent avec la Ferme des animaux. Les portraits des deux personnages mettent en évidence des personnalités différentes. Mr Pilkington, propriétaire de la ferme de Foxwood, « une vaste exploitation mal tenue et vieux jeu » (45 ; 87), comme celle de Mr Jones, mais pour des raisons différentes, se sent peu concerné par son travail et consacre la plus grande partie de son temps à ses loisirs, tels la pêche ou la chasse. Mr Frederick est propriétaire de la ferme de Pinchfield, « plus petite mais mieux entretenue » (45 ; 87) que celle de Foxwood. Mr Frederick est un personnage « décidé et retors, toujours en procès, et connu pour sa dureté en affaires » (45 ; 87).

Ainsi l'un est dilettante*, l'autre est plus « affairiste », mais surtout, les deux personnages se détestent : ils « étaient en mauvais termes et toujours à se chamailler. » (45 ; 87), et même si leurs intérêts sont communs, il est inenvisageable qu'ils réussissent à s'entendre. Or cette incompatibilité va jouer un rôle important dans leurs relations avec la Ferme des animaux. En effet, Napoléon va profiter de leurs différends pour faire monter les enchères sur le prix du bois que tous deux convoitent et par ailleurs, il va faire courir des rumeurs sur leurs fermes pour se justifier auprès des animaux et, au gré des tractations, Napoléon crie haro tantôt sur l'un tantôt sur l'autre, et tous les animaux de reprendre en chœur, selon les circonstances : « Mort à Frederick » ou « Mort à Pilkington » (107 ; 195).

L'attitude de Pilkington et de Frederick à l'égard de la Ferme des animaux est ambiguë et évolutive. En effet, au début, juste après l'expulsion de Mr Jones de la Ferme du Manoir, ils craignent de connaître le même sort que lui et ils mettent en place une stratégie diffamatoire, en répandant des rumeurs selon lesquelles le chaos et la violence régnent à la Ferme du Manoir. Mais au bout de quelques mois, ces propos ne sont plus crédibles d'autant que d'autres rumeurs en faveur de la gestion de la ferme par les animaux contredisent celles négatives des voisins de Mr Jones. De plus, grâce à la propagande entreprise par les pigeons voyageurs, des signes de rébellion sont visibles dans les fermes de Foxwood et de Pinchfield et même si la violence des fermiers redouble, il leur devient difficile de contrôler la situation et ils ne peuvent empêcher que *Bêtes d'Angleterre* soit chanté partout à la ronde. Aussi prennent-ils très au sérieux la révolte des animaux et « ils tremblaient comme à l'annonce d'une prophétie funeste. » (47 ; 89) Certes Pilkington et Frederick ne participent pas en personne à l'insurrection menée par Mr Jones contre la Ferme des animaux, mais ils consentent à ce que certains de leurs ouvriers agricoles y participent. Puis progressivement, ils comprennent qu'ils peuvent tirer profit des déboires subis par Mr Jones. Car même s'ils nourrissent toujours une haine sans égal pour cette ferme gérée par les animaux ils éprouvent un respect certain pour leurs compétences et, eux qui « pour rien au monde n'auraient appelé la Ferme du Manoir, la Ferme des animaux » (45 ; 87), acceptent désormais de désigner « la Ferme des animaux sous son nom » (75 ; 139). Dès lors, par le biais de Whymper, ils entrent en relation avec Napoléon ; le narrateur précise même que les relations entre Pilkington et Napoléon « étaient devenues presque cordiales » (104 ; 189). Aussi peut-on constater une évolution dès lors que les animaux et les humains se découvrent des intérêts communs. Il est à noter que si Napoléon est le dupeur dupé dans l'affaire du bois de charpente puisqu'il est payé avec de faux billets et si Frederik se retourne contre lui, il se vengera en lui imposant une défaite remarquable lors de la bataille du Moulin. Et Pilkington, qui était présenté comme l'ennemi à abattre, devient un allié à la fin du récit. **En fait les hommes et les animaux se manipulent réciproquement au gré de leurs besoins et des circonstances**. En ce sens, aucune différence n'existe plus entre eux, de la prospérité de la Ferme des animaux dépend la prospérité de Foxwood et réciproquement, tel est le message du discours de clôture de Pilkington : « Entre cochons et hommes il n'y a pas, et il n'y a pas de raison qu'il y ait un conflit d'intérêt quelconque. Les luttes et les vicissitudes sont identiques. Le problème de la main-d'œuvre n'est-il partout le même ? » (147 ; 265)

Mr **Whymper**, avoué à Willingdon, est le premier protagoniste humain à pénétrer dans l'enceinte de la Ferme des animaux. Il est toutefois important de noter qu'il n'intervient qu'après que Napoléon a fait fuir Boule de neige. C'est à la demande de Napoléon qu'il va servir d'intermédiaire entre la ferme et le monde extérieur dans le cadre de « la ligne politique nouvelle » (72 ; 135). Jusqu'alors, la ferme vivait en autarcie* et se passait très bien des services des humains. Toute leur gloire et tout leur mérite étaient de réussir à subvenir à leurs besoins grâce à leur seul travail et à leur courage. Pourtant, la situation se détériore dès lors que Napoléon décide de faire construire le moulin. En effet, si les animaux sont capables de produire ce dont ils ont besoin pour se nourrir, ils se trouvent démunis sitôt qu'ils veulent s'acquitter de tâches qui relèvent de l'humain. Or la construction du moulin nécessite des matières premières qui « ne peuv[ent] pas être fabriquées à la ferme » (71 ; 133) ; aussi Napoléon décide-t-il de faire du commerce avec l'extérieur, vendre du foin, du blé, des œufs pour pouvoir acquérir ce qu'il appelle « certaines fournitures d'urgente nécessité. » (72 ; 133) Comment Napoléon a-t-il rencontré Mr Whymper, et sur quels critères l'a-t-il choisi ? Le texte ne nous l'apprend pas, pour autant on peut constater que le choix n'est pas des plus judicieux. Mr Whymper est un « petit homme à l'air retors, [...] — un avoué dont l'étude ne traitait que de piètres affaires » (74 ; 137), un opportuniste qui n'a d'autre but que de s'enrichir et de tirer profit des besoins des animaux. Chaque lundi il se présente à la ferme pour venir chercher les œufs pour aller les vendre au marché de Willingdon. Mais son rôle ne se limite pas au commerce, il devient rapidement le conseiller de Napoléon. C'est lui qui lui conseille de vendre le bois de charpente et qui sert d'intermédiaire entre Pilkington, Frederik et Napoléon. Mais s'il est assez « finaud » pour abuser Napoléon, il est aussi naïf et Napoléon se sert de lui pour répandre à l'extérieur l'image d'une ferme idyllique et prospère. Pour masquer les déconvenues de la ferme, Napoléon met en place toute une mise en scène pour faire croire que les mangeoires regorgent de nourriture et Mr Whymper « tomba dans le panneau, et rapporta partout qu'à la Ferme des animaux il n'y avait pas de disette. » (84 ; 155) Comme la relation entre les fermiers et Napoléon, celle entre Whymper et Napoléon repose sur **un jeu de dupeur dupé** selon l'intérêt de chacun.

### Les animaux

#### *Présentation générale*

Comme le suggèrent le titre de l'œuvre et le cadre spatial, la plupart des animaux sont des animaux de ferme, mais nous trouvons aussi des pigeons voyageurs, un corbeau, des rats, des animaux sauvages, des lièvres et des animaux domestiques, une chatte et des chiens. C'est donc une pluralité des races animales qui évolue tout au long du récit. Certaines races sont privilégiées par rapport à d'autres. **C'est le cas des cochons qui dominent par leur nombre et par leur rôle**. En revanche, il n'est fait allusion aux canards qu'une seule fois dans tout le récit, ils illustrent le fait que chacun travaille en fonction de ses capacités, le rôle des canards étant de ramasser avec les poules les brindilles de paille qui avaient été oubliées par les autres animaux. Les vaches quant à elles sont l'occasion de dénoncer la première injustice puisque les cochons se réservent l'exclusivité de leur lait. On peut remarquer **deux groupes d'animaux distincts : les cochons et les autres animaux**. Outre les poules, les pigeons voyageurs et les moutons qui semblent constituer un groupe important, les autres races sont représentées par un nombre très restreint d'animaux : il y a trois chevaux — un mâle et deux juments —, un seul âne, une seule chèvre, une seule chatte. Mais chaque race joue un rôle différent dans la ferme indépendamment des fonctions spécifiques attachées à sa race : les poules tentent de se révolter, les moutons sont les adjuvants précieux des cochons, les chiens sont les gardes du corps de Napoléon, le cheval Malabar est un modèle de courage et de soumission, la jument Lubie est incapable de s'adapter à sa nouvelle vie, l'âne est dubitatif, les cochons dirigent la ferme. Certains animaux sont nettement individualisés par des prénoms et font l'objet, pour la plupart, d'un portrait.

*Les animaux individualisés*

**Sage l'Ancien** est le premier animal qui intervienne dans le récit. Ancien « lauréat de sa catégorie » (7 ; 27), physiquement imposant, il a douze ans, ce qui fait de lui le vétéran de la race porcine. Il est reconnu par tous les animaux comme le plus raisonnable et sa longue expérience de la ferme lui confère autorité et sagesse. Le portrait moral qui en est fait n'est pas sans rappeler le vieillard des tragédies antiques. Comme lui il bénéficie de l'expérience, il a le sens de l'observation, il consacre du temps à la méditation et réfléchit sur la condition animale, il a le sens du devoir, il a le don de prophétie et, s'il fait prendre conscience aux autres animaux de la précarité et de l'injustice de leurs situations dans l'espoir qu'ils se révoltent, il les met en garde contre les dangers de la révolution : « [...] la lutte elle-même ne doit pas nous changer à la ressemblance de l'ennemi. Même après l'avoir vaincu, gardons-nous de ses vices. » (16 ; 37) Grand orateur, il use de tous les moyens possibles pour convaincre et persuader, son réquisitoire contre l'Homme est rigoureusement construit et très explicitement illustré, et en ce sens il est tout le contraire de Brille-Babil. **Sage l'Ancien joue un rôle déterminant dans le récit**. Non seulement c'est lui qui initie l'esprit de révolte mais **c'est aussi lui qui dicte les fondements de l'Animalisme** et le chant révolutionnaire, *Bêtes d'Angleterre.* Après sa mort, il devient le symbole de la révolution et son crâne est une véritable relique devant laquelle chacun s'incline chaque dimanche : « Les animaux étaient requis de défiler devant le crâne, en signe de vénération. » (65 ; 123) Mais dans le dernier chapitre, cet *hommage* n'a plus lieu d'être puisque tous les principes de l'*Animalisme* sont bafoués, et la relique de Sage l'Ancien devient « le crâne d'un vieux verrat », que l'on remise aux oubliettes.

**Brille-Babil** est un des trois cochons les plus présents dans le récit et un des deux les plus influents. « Bien en chair » dès son arrivée dans le récit, il ne cessera d'engraisser et deviendra « si bouffi de graisse que c'est à peine s'il pouvait entrouvrir les yeux » (137 ; 245). Autant dire qu'il a bien profité de ses privilèges et de son inactivité. Brille-Babil est le plus fervent serviteur de Napoléon. Il met son éloquence au service de son pouvoir et détient l'art de « faire prendre des vessies pour des lanternes. » (21 ; 47) En effet, dans chacun de ses discours il réussit à duper les animaux en leur faisant accepter comme des évidences ce qui est injustifié et injustifiable. **C'est le champion du sophisme***. Prenons par exemple son premier discours. Il affirme que les cochons détestent le lait et les pommes, mais qu'ils sont contraints d'en consommer pour mener à bien leurs tâches car « le lait et les pommes renferment des substances indispensables au régime alimentaire des cochons. » (42 ; 83) et, en toute logique, une carence alimentaire nuirait à leur santé et donc au bon fonctionnement de la ferme. **Par ailleurs, il use du chantage et de la terreur** comme d'une arme infaillible et chacun de ses discours se termine sur le spectre de Mr Jones venant reprendre ses droits sur la ferme ou sur celui de Boule de Neige, le traître qui vient nuire aux animaux de la ferme. À chaque fois qu'un commandement est amendé, il fait preuve d'une mauvaise foi sans pareille pour justifier les modifications. Ainsi le quatrième commandement interdit de dormir dans un lit mais, précise-t-il, « l'interdiction porte sur les **draps**, lesquels sont d'invention humaine. Or nous avons enlevé les draps... » (77 ; 143) C'est un « causeur éblouissant » qui, par ailleurs, est un poltron de premier ordre qui disparaît au moment de la bataille du Moulin à Vent. Au fur et à mesure que progresse le récit, il acquiert une importance de plus en plus grande et devient le porte-parole exclusif de Napoléon, qui daigne de moins en moins se mêler aux autres animaux. C'est lui qui transmet les ordres et qui justifie les nouvelles décisions.

**Malabar** est « une énorme bête [à] l'air un peu bêta », admiré pour sa force et son courage. Délicat il fait son entrée dans le récit sur la pointe des sabots et avance « à petits pas précautionneux [...]

de peur qu'une petite bête » (8 ; 23) ne soit victime de ses sabots. Sensible, il est désolé et s'excuse d'avoir frappé trop fort un palefrenier au cours de la bataille de l'Étable : « Ce n'était pas mon intention de le tuer […] Mais qui voudra croire que je ne l'ai pas fait exprès ? » (50 ; 95) Mais surtout **Malabar est le parangon* de l'ouvrier modèle** qui se met entièrement au service de la collectivité, qui a le sens du devoir et qui est un exemple de courage et de ténacité, comme en témoigne sa devise « Je vais travailler plus. » Au fur et à mesure que les travaux augmentent il se fait réveiller de plus en plus tôt, d'abord il se lève une demi-heure avant les autres (35 ; 71), puis trois-quarts d'heure (70 ; 113), enfin une heure (95 ; 173), alors que les cochons s'octroient une heure de sommeil en plus. Travailleur infatigable, « du matin à la tombée de la nuit, il poussait, il tirait, et était toujours présent au plus dur du travail. » (35 ; 71), il lui arrive même de travailler quelques heures dans la nuit quand il s'agit de reconstruire le moulin. Jamais découragé et toujours enthousiaste, il est un exemple pour les autres animaux bien plus efficace que tous les discours de Brille-Babil. Bien que blessé au cours de la bataille du Moulin à Vent, il ne se plaint pas, il fait fi de sa blessure et travaille encore plus. Sans conteste, **Malabar est une victime de la politique économique et sociale de Napoléon** et c'est celui qui est le plus mal payé de son dévouement et de ses efforts pour la réalisation des travaux de la ferme. L'ingratitude de Napoléon à son égard est sans égale. Sans aucun état d'âme il l'envoie à l'équarrissage dès lors que sa maladie le rend inapte au travail, et c'est sans mauvaise conscience qu'il se sert de Malabar une dernière fois en rappelant dans son oraison funèbre « les deux maximes préférées de Malabar » : « Je vais travailler plus dur » et « Le camarade Napoléon ne se trompe jamais. » (134 ; 243)

**Douce**, une jument discrète, est la fidèle compagne et la confidente de Malabar. Elle incarne l'image de la compagne affectueuse, dévouée et toujours soucieuse de la santé de Malabar, mais c'est en vain qu'elle essaie de le convaincre, avec Benjamin, de se ménager. Elle est aussi une mère attentive pour tous les animaux plus faibles, et c'est vers elle qu'ils vont chercher du réconfort. Ainsi après les exécutions publiques, tous sont terrifiés et « se blotiss[ent] autour de Douce. » (99 ; 173) Comme Malabar, elle est remarquable par son courage et garde « le cœur à l'ouvrage » (83 ; 153) quand les autres animaux se découragent. Docile, elle fait partie des animaux soumis qui acceptent sans rien dire toutes les rigueurs imposées par Napoléon.

**Lubie** est une jolie jument blanche gourmande et coquette, elle aime le sucre et les rubans. C'est de loin la plus récalcitrante aux changements, car dès lors que les animaux ont pris possession de la ferme, elle perd ses privilèges et doit renoncer à ses promenades en ville pour travailler aux champs. Elle s'adapte de fait très mal au rythme de travail. Elle est toujours la dernière à se mettre à l'ouvrage et toujours la première à partir, se justifiant par le prétexte fallacieux « d'un caillou qui lui agac[e] le sabot » (36 ; 71) ou « de douleurs singulières » (53 ; 101). Elle ne parvient pas à renoncer à sa coquetterie ni à sa gourmandise et cache sous sa litière sucres et rubans. Elle ne peut pas non plus se passer de l'affection des humains et lorsque Douce, avec gentillesse, lui en fait la remarque, elle nie effrontément, honteuse de s'être fait démasquer. **Elle déserte la ferme au début du chapitre V et ce sera le seul cas de désertion de tout le récit**. Car même si d'autres animaux ont du mal à supporter les contraintes de plus en plus nombreuses, telle la chatte, ou si d'autres n'adhèrent pas à l'*Animalisme,* tel Benjamin, il n'en demeure pas moins qu'ils se résignent et restent solidaires des autres animaux. En fait Lubie est beaucoup individualiste et beaucoup trop attachée à son image pour travailler à la cause commune des animaux de la ferme et partager les contraintes de la collectivité.

**Benjamin** est l'animal le plus âgé de toute la ferme et, malgré son âge avancé (plus de douze ans au début du récit), il est un des rares à survivre, avec Douce et Moïse, à la fin du récit, ce qui confirme sa foi en sa longévité : « Les ânes ont la vie dure. Aucun de vous n'a jamais vu mourir un âne. » (36 ; 73) « Acariâtre », « peu expansif », ne s'exprimant que par « des boutades cyniques », ne riant jamais parce qu'« il n'y a pas de quoi rire » (9 ; 25), fidèle en amitié, il soutiendra Malabar jusqu'au bout et sera bien intentionné à son égard. Il fait preuve d'un pessimisme sans égal et n'adhère pas à l'optimisme collectif du soulèvement ni à l'enthousiasme pour l'*Animalisme.* Tel Martin dans *Candide*[1] de Voltaire, il travaille pour rendre la vie supportable, mais **ne se fait aucune illusion sur la bonté de l'animal et sur les bien-fondés des agissements de Napoléon**. Tel « l'âne de Buridan[2] », il est doué d'une liberté d'indifférence. Il est le seul à ne pas prendre position dans l'affaire du moulin à vent, non pas qu'il n'ait pas d'opinion propre — comme la plupart des autres animaux qui sont toujours de l'avis de celui qui parle en dernier —, mais parce qu'il est intimement persuadé que le moulin à vent ne contribuera en rien à l'amélioration de leurs conditions de vie : « Moulin à vent ou pas, disait-il, la vie continuera pareil — mal par conséquent. » (59 ; 111). **C'est le seul animal, avec Moïse, qui n'évolue pas et qui reste fidèle à ses convictions et qui ne se laisse pas berner par les discours de Brille-Babil**. Il continue à faire son travail de la même façon : « [...] depuis la révolution, [...] il s'acquittait de sa besogne de la même manière, lente et têtue, sans jamais renâcler, mais sans zèle inutile non plus. » (36 ; 73) Dès le début il a compris que la domination des hommes ou celle des cochons avait les mêmes conséquences, à savoir l'exploitation du travail de l'animal. **C'est de loin l'animal le plus clairvoyant** et il ne se fait aucune illusion,

1. Cf. *Étude sur Candide de Voltaire,* É. Calais, Résonances, Ellipses, 1995
2. Buridan est un philosophe français (1300-1358) qui s'élève contre le déterminisme en évoquant un âne qui, ayant aussi faim que soif et placé à égale distance d'une botte de foin et d'un seau d'eau, ne sait que choisir.

comme en témoignent ces deux phrases qui se font écho, la première se situe au début du récit, la seconde à la fin du récit :

> Quant à Benjamin, le vieil âne, depuis la révolution, il était demeuré le même. (36 ; 73)

> Seul le vieux Benjamin était resté le même. (137 ; 247)

Perspicace et bon observateur, il sait que ce sont les cochons qui changent le libellé des commandements tandis que les autres animaux pensent qu'ils les avaient mal compris, et il est le premier à comprendre que Malabar n'est pas envoyé à l'hôpital mais chez l'équarrisseur, et pour la première fois il accepte de lire les inscriptions du fourgon, lui qui jusqu'alors avait refusé de lire, alors qu'il savait lire aussi bien que les cochons, car selon lui « il n'y a rien qui vaut la peine d'être lu. » (39 ; 77) Mais si cette fois-ci il juge que le message est suffisamment important pour être communiqué à tous les autres animaux, c'est trop tard pour réagir.

**Moïse** est le « corbeau apprivoisé de Mr Jones » et bénéficie d'un régime de faveur. Contrairement aux autres animaux de la ferme, il n'est pas contraint de travailler car il est le « véritable espion » (23 ; 49) de Mr Jones. Il fait partie du clan des Hommes ce qui lui attire l'inimitié des autres animaux et, tout naturellement, il disparaît en même temps que Mr Jones mais il revient au chapitre X. C'est que Moïse joue aussi un autre rôle : il fait du prosélytisme* pour la religion des animaux et fait miroiter les espoirs d'un monde meilleur, « la Montagne de Sucrecandi » (23 ; 49), qui justifie les souffrances endurées et leur donne un sens pour mériter le paradis des animaux après leur mort, conformément aux écritures saintes qui vantent les bienfaits de la souffrance salvatrice. Même s'il est considéré comme un traître à la solde de Mr Jones, il réussit à créer l'espoir chez quelques-uns qui considèrent « qu'un monde meilleur dût exister quelque part, cela n'était-il pas équitable et juste ? » (126 ; 229) Il est à noter que Moïse a plus d'influence à la fin du récit — alors que la ferme est sous la domination de Napoléon — qu'au début du récit quand c'est Mr Jones qui commande les animaux, ce qui en dit long sur la dégradation des conditions de vie dans la ferme. D'ailleurs, Napoléon ne s'y trompe pas et même si lui-même n'accorde aucun crédit aux propos de Moïse, il sait qu'il peut être utile, comme il l'était à Mr Jones, et le laisse vaquer librement dans la ferme, le gratifiant même chaque jour d'un bock de bière » (126 ; 229).

Outre la race des cochons, certaines races bénéficient d'un traitement particulier et sont au service exclusif de Napoléon.

**Les chiens** ne sont pas individualisés et forment un groupe différent des autres animaux. Ils sont les seuls protagonistes animaux qui ne parlent pas, ils restent conformes à leurs caractéristiques animales et se distinguent par leurs grognements et leur agressivité, tels de bons chiens de garde. Ils apparaissent pour la première fois dans le récit au chapitre V et font une entrée remarquée sous le signe de la violence. Ils sont présentés comme « des bêtes énormes avec l'air féroce des loups » (62 ; 115), et ne sont désignés que par le terme « molosses ».

Élevés en secret par Napoléon, ces neuf chiots enlevés à Constance et à Fleur ont été dressés pour être des attaquants agressifs au seul service de Napoléon, dont ils sont les gardes du corps efficaces et redoutables. Napoléon ne sort jamais sans être escorté par ses gardiens dévoués, et c'est entouré d'eux qu'il préside l'assemblée du dimanche. Véritable arme de persuasion, il leur suffit de grogner, ou même simplement d'être là, pour dissuader quiconque de contredire le maître absolu. Leurs interventions sont très cruelles et se terminent dans un bain de sang et, le jour de la confession publique, **ils sont les bourreaux qui exécutent les victimes innocentes**, ils transforment la cour de la ferme en un carnage sans précédent et sont « ivres de sang ».

### *L'antagonisme Napoléon/Boule de Neige*

Napoléon et Boule de Neige sont d'abord présentés comme deux partenaires unis qui poursuivent le même but, à savoir renverser Mr Jones et mettre les animaux à la tête de la ferme. Ce sont eux qui élaborent l'*Animalisme* et qui organisent des réunions pour préparer la révolution et expliquer à leurs congénères le bien-fondé de la révolte. Ils sont les premiers à avoir appris à lire et à écrire. Après le soulèvement, ce sont eux qui organisent la nouvelle vie de la ferme : ils ont rédigé la charte des sept commandements, ils instituent les assemblées du dimanche, ils répartissent les tâches, enfin, ils mettent en place un programme de propagande extérieure dont ils chargent les pigeons voyageurs. Reconnus comme « les plus éminents » (20 ; 45), **ils deviennent les têtes pensantes de la ferme**, en prennent le commandement et ne fournissent qu'un travail intellectuel. Mais ce travail collaboratif et cette entente cordiale sont de courte durée et, dès le début du chapitre III, le narrateur nous informe **des divergences systématiques entre les deux personnages** : « Il est toutefois à remarquer qu'ils n'étaient jamais d'accord : quel que fut l'avis de l'un, on savait que l'autre y ferait pièce. » (37 ; 75) Notons qu'aucune précision ne nous est donnée quant à l'identité de celui qui ouvre les hostilités, les pronoms indéfinis désignant aussi bien Napoléon que Boule de Neige. Ces dissensions deviennent systématiques et apparaissent de plus en plus fréquemment : ces deux personnages ne peuvent s'entendre et de fait ils sont diamétralement opposés.

- Deux caractères différents

Dès leur entrée en scène au début du chapitre II, le narrateur, à travers leurs portraits respectifs, insiste sur leur personnalité différente. Napoléon, « avare en paroles » (21 ; 45), est peu loquace et si têtu qu'il a « la réputation de savoir ce qu'il voulait » (21 ; 45). Boule de Neige est présenté par comparaison à Napoléon : il est « plus vif, d'esprit plus délié et plus inventif » et il « passait pour avoir moins de caractère » (21 ; 45). On remarque que Boule de Neige bénéficie d'un portrait plus positif. Il est déterminé quasi exclusivement par des qualités — l'éloquence, l'esprit d'initiative, la création —, alors que le caractère de Napoléon est réduit à deux défauts.

Ces traits dominants non seulement se confirment, mais s'accentuent au cours du récit. En effet, Napoléon parle très peu, c'est toujours Boule de Neige qui fait les discours, qui harangue les animaux, qui les incite au travail et même, lorsqu'il s'agit de défendre des idées, seul Boule de Neige s'y risque. Ainsi, lors de la réunion dominicale au cours de laquelle le projet de la construction du moulin doit être soumise au vote, Boule de Neige « expos[e] les raisons qui plaid[ent] en faveur du moulin » dans un argumentaire clair, précis et structuré ; Napoléon, lui, se contente de déconseiller de donner son approbation au projet, sans donner aucune raison, et il ne prend la parole que « trente secondes » (60 ; 113). **Boule de Neige est un orateur qui sait convaincre**. Par exemple, la maxime unique « Quatrepattes, oui ! Deuxpattes, non ! » (40 ; 79), qui résume les sept commandements, soulève l'indignation des oiseaux mais Boule de Neige, avec brio et rigueur, leur démontre qu'ils n'ont pas à se sentir offensés et, pour les convaincre, a recours au syllogisme suivant :

> Les deuxpattes ont des mains, qui ne servent pas à se propulser
> Or les oiseaux ont des ailes pour se propulser
> Donc les oiseaux ne peuvent être assimilés aux *deuxpattes* mais aux *quatrepattes*, les ailes ayant la même fonction que les pattes.

Mais, si Boule de Neige est sans conteste bien meilleur orateur que Napoléon, si la pertinence de ses propos est toujours unanimement reconnue, et si « nul doute ne subsistait sur l'issue du vote » (61 ; 115), ce n'est pas pour autant qu'il emporte l'adhésion. En effet, Napoléon « était plus apte à rallier le soutien des uns et des autres » (55 ; 105). Incapable d'argumenter pour défendre son point de vue, ou trop lâche pour dévoiler ses véritables intentions, **il répond par la force et la violence**, ou bien il fait boycotter les discours de Boule de Neige par les bêlements intempestifs des moutons, ou bien encore il a recours à l'intimidation. Un regard de Napoléon suffit à faire changer d'avis les animaux : ainsi tous sont convaincus de la nécessité de construire le moulin, mais « un regard oblique et un gémissement dans l'aigu » (60 ; 115) ont raison de leur détermination. **Napoléon est un manipulateur** qui n'hésite pas à faire sienne la devise « diviser pour mieux régner » et, quand il s'apercevra que son pouvoir peut être contesté, il chargera Brille-Babil de rallier les moutons à sa cause en leur offrant une situation matérielle privilégiée. De même, **il usera du spectre de Boule de Neige pour faire régner la terreur** et pour le rendre responsable de tous les maux qui assaillent la ferme. Napoléon demeure un personnage secret et il est difficile de savoir ce qu'il pense, non seulement parce qu'il s'exprime peu mais surtout parce qu'il est sournois. Il agit le plus souvent à l'insu des autres. Il soustrait à Constance et à Fleur leurs chiots, il « compisse » dédaigneusement les plans de Boule de Neige en son absence, il garde le lait et envoie Boule de Neige aux champs avec les autres animaux. **Très vite on devine son égoïsme et sa soif du pouvoir**. Dès lors, les bonnes intentions de Boule de Neige pour le bien-être de chacun ne peuvent être considérées que comme autant d'obstacles à la satisfaction de ses seuls désirs. L'antagonisme de leurs buts génère des différences comportementales.

• Deux comportements différents

Si, comme nous l'avons précisé précédemment, Napoléon et Boule de Neige sont tous deux les instigateurs de la révolution et les artisans de la mise en place de la société des animaux, force est de constater que dans les faits, Napoléon est très passif et agit peu, contrairement à Boule de Neige qui s'investit beaucoup dans la ferme même si, par ailleurs, il ne participe pas aux travaux physiques. Boule de Neige a foi en la société des animaux alors que Napoléon n'y voit qu'une opportunité personnelle. C'est Boule de Neige qui exhorte les animaux au travail : « Et maintenant, camarades, aux foins ! [...] Il y va de notre honneur d'engranger la récolte plus vite que ne le feraient Mr Jones et ses acolytes. » (31 ; 65) C'est toujours Boule de Neige qui répond aux questions des autres animaux, et c'est toujours lui qui explique le pourquoi des choses. Ainsi justifie-t-il à Lubie la nécessité de renoncer à ses rubans et au sucre : « Tu ne peux pas te mettre en tête que la liberté a plus de prix que ces colifichets ? » (22 ; 49) Il met son imagination et son esprit créatif au service de la ferme : il fabrique le drapeau — emblème de leur prise de pouvoir —, et explique aux autres sa symbolique : « Le vert du drapeau représente les verts pâturages d'Angleterre ; la corne et le sabot, la future République. » (37 ; 73) **Boule de Neige est indubitablement l'instigateur des programmes de réformes** et même si certaines tentatives, telles celles des commissions, sont des échecs, il n'en demeure pas moins qu'il a au moins le mérite de proposer quelque chose, contrairement à Napoléon qui, lui, « ne soum[et] aucun projet » (56 ; 107). Il se contente de s'opposer systématiquement aux propositions de Boule de Neige, non qu'il les trouve mauvaises — la preuve en est que le moulin sera construit après le départ de Boule de Neige et que même il sera favorable à la construction d'un deuxième moulin —, mais la modernisation de la ferme doit être au service de Napoléon et non au service des autres animaux, aussi son refus se justifie-t-il uniquement parce qu'il « attend[ait] son heure » (56, 107) ; et les animaux de constater amèrement à la fin du récit que le moulin permet exclusivement de rapporter « de fameux bénéfices » (138) pour l'enrichissement personnel de Napoléon, mais qu'en aucun cas leurs tâches ont été allégées, loin s'en faut.

Si Boule de Neige pense au mieux-être de tous et particulièrement à celui des plus âgés, Napoléon lui préfère s'intéresser à l'éducation des plus jeunes, pour les formater à sa convenance car « selon lui, l'éducation des plus jeunes était plus importante que tout ce qu'on pouvait faire pour les animaux déjà d'âge mûr. » (41 ; 81), et l'on sait ce qu'il advint des chiots dont il s'occupa personnellement.

Par ailleurs, Boule de Neige participe activement à la victoire de « la bataille de l'Étable ». Non seulement c'est lui qui prend le commandement des opérations pour repousser Mr Jones et ses ouvriers venus reprendre leurs terres, mais tel un général soucieux de donner l'exemple, il combat en première ligne, « En personne il conduit ses troupes à l'assaut » (48 ; 91) et n'hésite pas à donner de sa personne puisqu'il sera blessé au cours de l'affrontement avec Mr Jones. Pendant ce temps où était Napoléon ? Le texte ne le dit pas, mais son absence est évidente, ce qui en dit long sur **son manque de courage et de témérité**.

• Deux conceptions différentes de la gestion de la ferme

**– Du point de vue de la politique générale** : Boule de Neige a un seul objectif, la gestion de la ferme exclusivement par les animaux pour une vie meilleure. Dès lors, il met toute son énergie au service de l'amélioration des conditions de vie des animaux. Il instaure « les classes de lecture et d'écriture », pour que chacun puisse accéder à une certaine culture. Travailleur acharné, curieux de nature, il apprend dans les livres de Mr Jones et met ses connaissances au service de la cause animale ; deux termes résument son programme de politique générale : « innovations et perfectionnements » (56 ; 107). Il est favorable à la modernisation de la ferme pour alléger la charge du travail qui incombe à chacun et son programme, « la semaine de trois jours », peut certes paraître utopique, mais il n'en est pas pour autant un programme insensé et démagogique. En effet, l'électricité produite par le moulin devrait permettre, outre d'améliorer le confort matériel des animaux grâce au chauffage et à l'éclairage, de mécaniser la ferme et de faire faire par les « hache-paille, machine à couper la betterave » (57 ; 107) et autres machines, une partie du travail des animaux, et ainsi rendre possible une réorganisation du temps de travail pour leur permettre des loisirs. En ce sens, **Boule de Neige agit conformément aux propositions de Sage l'Ancien qui préconisait que la vie des animaux ne devait se réduire à une vie de labeur**.

Leur divergence sur la construction du moulin n'est pas sans conséquences sur la cohésion de la ferme. Les animaux sont divisés en deux clans. S'affrontent : les partisans de Boule de Neige et les partisans de Napoléon. Et la ferme résonne de leurs discordes : « Votez pour Napoléon et la mangeoire pleine. » a pour écho « Votez pour Boule de Neige et la semaine de trois jours. » (59 ; 111)

**– Du point de vue de la politique économique** : pour Boule de Neige, ce qui importe est moins le rendement que la qualité de vie, la notion de profit lui est étrangère, l'essentiel est que les animaux puissent subvenir à leurs besoins, et la production céréalière doit se limiter aux stricts besoins des animaux. Napoléon et Boule de Neige s'opposent systématiquement sur le plan d'occupation des sols : « l'un proposait-il un ensemencement d'orge sur une plus grande superficie : l'autre immanquablement, plaidait pour l'avoine. » (55 ; 105) Quand Boule de Neige parle « d'économie de main d'œuvre », de meilleur rendement en réduisant la charge de travail, et qu'il propose par exemple, plutôt que de charrier le fumier des étables aux champs, que chacun aille déposer sa « fiente à même les champs — en un point différent chaque jour pour éviter le transport » (56 ; 107), Napoléon parle lui aussi de rendement mais en terme de profit, et il considère que le temps passé à construire le moulin est un gaspillage de temps et d'énergie qui nuit à « l'accroissement de la production alimentaire » (58 ; 111). Napoléon, avec sa « politique nouvelle » (72 ; 133), développera le commerce avec les hommes et, de plus, il cultive de l'orge en quantité, non pour la consommation des animaux mais pour la distiller.

**– En ce qui concerne la politique de défense :** Boule de Neige et Napoléon ont des attitudes différentes. Boule de Neige avait envisagé le retour éventuel de Mr Jones pour reprendre possession de ses terres. Il avait appris la stratégie militaire en lisant « les campagnes de Jules César » (47 ; 91), si bien qu'il n'est pas pris au dépourvu quand il aperçoit Mr Jones et ses ouvriers à proximité de la ferme. Il dirige « les opérations défensives » (47 ; 91) selon un plan bien établi entre attaque de front, diversions pour tromper l'ennemi, attaque à revers. Boule de Neige fait preuve d'un sang froid et d'une efficacité redoutable et en quelques minutes les hommes sont en déroute.

Si Boule de Neige et Napoléon sont persuadés après la bataille de l'Étable que les humains tenteront de reprendre leurs droits et si, par conséquent, tous deux ne doutent pas de la nécessité de se préparer à une nouvelle éventuelle attaque, les moyens envisagés sont différents. En effet, Napoléon est favorable à répondre par la violence et il considère le recours aux armes comme le plus efficace ; aussi juge-t-il qu'ils doivent « se procurer des armes et s'entraîner à s'en servir » (59 ; 113). Boule de Neige pense que c'est l'union avec les animaux des fermes voisines qui sera la meilleure défense contre les velléités des humains et, pour ce faire, il faut continuer de « dépêcher vers les fermes voisines un nombre de pigeons toujours accru pour fomenter la révolte… » (59 ; 113)

Force est donc de constater que **tout oppose ces deux personnages ; au dévouement de Boule de Neige, à son désintéressement** — même s'il accepte que « le lait et les pommes […] soient prérogatives des cochons » (43 ; 83) —, **s'oppose le laxisme de Napoléon et ses prétentions**. De toute évidence Boule de Neige semblait plus apte, au regard de ses qualités et de ses projets, à s'imposer comme le chef de la ferme, mais c'était sans compter sur l'ambition et la sournoiserie de Napoléon, qui est prêt à tout pour s'arroger le pouvoir. Il voit en Boule de Neige un rival qu'il faut éliminer à tout prix. À défaut de s'imposer par ses qualités et son efficacité, il choisit la violence arbitraire et gratuite, **Napoléon le bien nommé, prend le pouvoir par un coup d'État. Il ruine les prophéties de Sage l'Ancien, trahit l'*Animalisme*, et Boule de neige est la première victime de son ambition dévorante.**

*La cohésion des animaux*

Tous les animaux mis en scène, à l'exception de Moïse — le corbeau apprivoisé de Mr Jones —, souffrent de l'oppression de leur maître et sont réduits à l'état d'esclaves, de « meurt-la faim ». Ils vont donc tous s'unir pour reprendre leurs droits et leur liberté.

Napoléon et Boule de Neige éprouvent d'abord **des difficultés à faire accepter l'idée d'une révolution par les autres animaux**. Ils se heurtent à leur « apathie » et à leur « bêtise » car ils ne comprennent pas l'utilité d'un changement. Leurs hésitations sont motivées par leur fidélité à Mr Jones en qui ils voient leur « sauveur » : « sans lui nous dépéririons » (22 ; 47), affirment-ils, et par ailleurs ils sont dubitatifs quant à leur rôle, persuadés qu'ils sont que leur avis ne sera pas pris en compte : « Si le soulèvement doit se produire de toute façon, qu'on s'en mêle ou pas, c'était tout un. » (22 ; 49) Mais, le jour de la révolution, chacun participe au renversement de Mr Jones.

Les premiers temps sont marqués par **une euphorie générale** :

> Ils exultaient, ils bondissaient et caracolaient, ils se roulaient dans la rosée et broutaient l'herbe douce de l'été. (27 ; 52)

Tous ensemble ils éliminent tout ce qui peut leur rappeler la présence de Mr Jones, et décident d'un commun accord que « jamais aucun d'eux ne s'installerait [dans] l'habitation [...] transformée en musée » (28 ; 69), et « tous donnèrent leur assentiment d'un signe de tête » (31 ; 65) aux sept commandements qui désormais régissent la Ferme des animaux. Chacun participe aux travaux des champs, « jusqu'au plus modeste » (34 ; 69) et trouve sa place « selon ses capacités » (37 ; 71). Le travail est plus vite et mieux fait que lorsque les animaux travaillaient sous les ordres de Mr Jones puisque non seulement « la fenaison fut achevée deux jours plus tôt » (34 ; 69), mais on constate une meilleure rentabilité, tout gaspillage et tout chapardage étant spontanément et délibérément proscrit. **Le dynamisme au travail s'explique par un sentiment aigu de liberté** — ils travaillent sans rênes ni coulis — **et par le fait que la finalité de leur travail est changée** :

> Car désormais, c'était là leur propre manger, produit par eux et pour eux, et non plus l'aumône, accordée à contrecœur, d'un maître parcimonieux. (34 ; 71)

L'esprit de collectivité domine et chacun respecte le bien commun aussi les clôtures entre les pâturages et les labours sont-ils inutiles. Le travail est d'autant plus efficace que l'entente entre les différents animaux est parfaite :

> [...] les prises de bec, bisbilles, humeurs ombrageuses, jadis monnaie courante, n'étaient plus de mise. (35 ; 71)

Très vite les animaux mesurent les résultats de leurs efforts : ils sont mieux nourris, bénéficient de loisirs, mais surtout ils connaissent un bonheur parfait :

> Les animaux étaient heureux d'un bonheur qui passait leurs espérances. (34 ; 69)

Et même si les cochons ne participent pas aux travaux des champs et se contentent de superviser le travail, chacun l'accepte comme une évidence tout à fait justifiée puisque ce sont les plus intelligents et qu'ils ont en charge l'organisation de la ferme, ce qui est reconnu comme étant un travail à part entière. Lors de la tentative de Mr Jones pour reprendre possession de ses terres, tous unissent leurs efforts pour combattre l'ennemi « et pas un animal qui à sa façon ne tienne sa revanche, et même la chatte s'y met. » (49 ; 95)

**Mais cette atmosphère idyllique est de courte durée et prend fin le jour du vote du projet du moulin à vent**. L'expulsion de Boule de Neige annonce la fin du bonheur et le début de la terreur et de la répression. « En silence, terrifiés, les animaux regagnent la grange » (62 ; 117).

### *La hiérarchie*

Le chapitre I de *La Ferme des animaux* offre le spectacle d'une ferme où les animaux constituent un groupe qui partage les mêmes contraintes, qui subit la même tyrannie, et la présence de chacun ne se justifie que par rapport au travail spécifique qu'il doit fournir. La seule hiérarchie qui structure la ferme repose sur la distinction humain/animal. Mr Jones inflige à tous les animaux le même traitement, excepté au corbeau Moïse qui est son « chouchou » (23 ; 49).

Certes Sage l'Ancien fait figure de meneur et s'impose comme chantre de la révolution, mais le respect qu'il inspire à tous trouve une légitimité toute naturelle dans l'ordre animal, le mâle le plus ancien étant dominant. Au cours de la première réunion orchestrée par Sage l'Ancien, les animaux occupent une place en fonction de leur arrivée et leurs attitudes sont conformes « aux lois de [leur] espèce » (8 ; 23) : les poules se perchent « sur des appuis de fenêtre et les pigeons sur les chevrons du toit » (8 ; 23) ; les vaches ruminent ; la chatte cherche la place la plus douillette… Aucun animal ne semble être supérieur à l'autre et même si Lubie dénote un peu dans cette assemblée en se plaçant au premier rang, en « mâchonnant un morceau de sucre », c'est plus par coquetterie et par désir de se faire admirer que pour revendiquer une place privilégiée de part son statut de jument blanche. Dans son discours, Sage l'Ancien ne fait aucune distinction entre les animaux. Il s'exprime à la première personne du pluriel, s'incluant dans ses propos. Pour lui, il n'y a aucun doute :

> Tous les animaux sont égaux. (16 ; 35)

Dès lors que Mr Jones est expulsé de la ferme et que les animaux retrouvent leur liberté, le principe d'égalité est souverainement proclamé, mais force est de constater que **cette égalité est toute théorique**, car dans les faits, une hiérarchie s'installe très vite. D'abord il s'agit d'une **hiérarchie intellectuelle** qui résulte de l'attitude des cochons qui, après la mort de Sage l'Ancien, ont travaillé pendant trois mois à l'élaboration de l'*Animalisme*, ont appris à lire et à écrire à l'insu des autres animaux. Ils apparaissent donc comme l'élite intellectuelle et c'est au nom de cette supériorité qu'ils se sont imposés comme les maîtres à penser de la ferme, et par le jeu d'une relation de cause à effet abusive ils prennent la direction de la ferme, ce qui est unanimement accepté :

> Avec leurs connaissances supérieures, il était naturel qu'ils prennent le commandement. (34 ; 67)

À l'intelligence supposée des cochons est opposée « la bêtise des plus crasses » (21 ; 47) des autres animaux, certains mêmes, telle Lubie, posent des « questions les plus stupides » (22 ; 49). Les aptitudes physiques sont même considérées comme discriminatoires, le travail intellectuel étant valorisé, reconnu comme plus pénible ainsi que le précise Brille-Babil dans son premier discours :

> Nous sommes, nous autres, des travailleurs intellectuels. La direction et l'organisation de la ferme reposent entièrement sur nous. De jour et de nuit, nous veillons à votre bien. (42 ; 83)

Si la race porcine est « regard[ée] comme la plus intelligente » (20 ; 45), trois cochons se démarquent du groupe car ils sont « les plus éminents » (20 ; 45) et chacun se distingue par une caractéristique différente : Napoléon par son physique « imposant » et son entêtement, Boule de Neige par son esprit inventif et sa vivacité, Brille-Babil par le timbre de sa voix et son éloquence. Tous trois forment le trio organisateur et gestionnaire de la nouvelle société.

Dès lors, une **hiérarchie politique** se confirme : il y a le groupe restreint des dirigeants et le groupe plus vaste de ceux qui « donn[ent] leur assentiment d'un signe de tête » (31 ; 65) et **cette suprématie du pouvoir engendre une hiérarchie sociale** : la ferme désormais reproduit le schéma des classes sociales comme sous la domination de Mr Jones : il y a ceux qui commandent et ceux qui travaillent : « Les cochons à vrai dire ne travaillaient pas : ils distribuaient le travail et veillaient à sa bonne exécution. » (33 ; 67) tandis que les autres « trim[aient] et pren[aient] de la peine pour rentrer les foins. » (33 ; 67) L'institution de décorations pour récompenser le courage des animaux dans la défense de la ferme s'inscrit elle aussi dans une perspective hiérarchique : il y a celle du « Héros Animal de première classe » décernée à ceux qui ont survécu au combat et celle du « Héros Animal de deuxième classe » (51) accordée au mouton mort au combat ; quant à Napoléon, qui n'a participé à aucune des batailles, il s'est attribué les deux médailles.

**La hiérarchie politique engendre une hiérarchie sociale et justifie des privilèges**. Les cochons revendiquent le droit d'être mieux nourris que la masse laborieuse et se réservent la consommation des pommes et du lait. À en croire Brille-Babil, les têtes pensantes de la ferme dépensent plus d'énergie et méritent une nourriture plus riche et plus variée, de même qu'ils ont besoin de plus de repos et, tandis qu'ils s'octroient une heure de sommeil en plus, les autres animaux travaillent même le dimanche après-midi. Ils ont aussi besoin de plus de confort et de calme pour penser et, par conséquent, ils s'installent dans la maison de Mr Jones, celle-là même qui avait été transformée en musée, symbole d'une époque révolue :

> Il est d'une absolue nécessité [...] que les cochons, têtes pensantes de la ferme aient à leur disposition un lieu paisible où travailler. (76 ; 139)

Les cochons sont élevés au rang de contremaîtres et les animaux travailleurs « arpentent le champ de long en large un cochon à leurs trousses. » (34 ; 69). La distinction des classes préside désormais à l'agencement de l'assemblée :

> Une fois dans la grange, désormais ils ne s'asseyaient plus, comme dans le passé, tous ensemble. Napoléon prenait place sur le devant de l'estrade, en compagnie de Brille-Babil et de Minimus [...] Les neuf molosses se tenaient autour d'eux en demi-cercle, et le reste des cochons s'asseyaient derrière eux, les autres animaux leur faisaient face. (65, 66 ; 123)

Au fur et à mesure que le récit progresse, et surtout à partir du départ forcé de Boule de Neige, les différences s'accentuent. Les cochons prennent de plus en plus d'importance et imposent de plus en plus leur loi. Les décisions sont unilatérales et les animaux ne sont plus du tout consultés. La fracture sociale atteint son paroxysme lorsque Napoléon décide que sa progéniture doit être tenue à l'écart des autres animaux et les jeunes gorets ne doivent en aucun cas « se mêler aux jeux des autres animaux » (122). Désormais les autres animaux sont des exclus, considérés comme la « classe inférieure », ce qui est ratifié par un nouveau principe :

> tout animal trouvant un cochon sur son chemin [doit] lui céder le pas. (122)

La **hiérarchie économique** achève de creuser le fossé entre les cochons et les autres animaux. Alors que Napoléon met tout en œuvre pour faire du profit et s'enrichir, plus il prend de l'embonpoint, plus les animaux travaillent et vivent dans la précarité :

> Ils semblaient menacés de mort lente. (83 ; 153)

Les rations alimentaires sont inversement proportionnelles à la somme et à la difficulté du travail effectué. Le récit se termine sur l'humiliation et la déconsidération des animaux qui sont tout juste bons à travailler pour la gloire et l'enrichissement de Napoléon et qui sont les animaux les moins bien traités de toutes les fermes environnantes, comme le constate Mr Pilkington :

> les animaux inférieurs de la Ferme des animaux travaillaient plus dur et recevaient moins de nourriture que tous les autres animaux du comté. (147)

Enfin, progressivement, une **hiérarchie dans la hiérarchie** s'installe. Napoléon devenu seul maître de la ferme, se place au sommet de la hiérarchie, ce qui lui confère « un statut propre » (109). Le cérémonial qui préside à ses sorties publiques, sorties qui par ailleurs se font de plus en plus rares, « est renforcé ». Outre le drapeau sur lequel on a inscrit « Vive le camarade Napoléon » (124) et qui domine le cortège, « une salve de carabine [est] tirée pour commémorer sa naissance » ; on s'adresse à lui avec déférence et il est gratifié de noms élogieux tel « Père de tous les animaux. » (101) ; son confort est renforcé :

> [...] dans la maison il avait ses appartements privés. Servi par deux chiens il prenait ses repas seul, dans le service de porcelaine. (101)

De fait, le terme « camarade » n'a plus de raison d'être car le principe d'égalité n'est plus souverain ; bien plus, il est bafoué et renié : l'ordre naturel animal n'existe plus.

### L'onomastique

Bien que nous n'étudions pas *La Ferme des animaux* dans sa version originale, il nous semble important de nous interroger sur le choix de l'onomastique* et sur son rôle. En effet, si certains groupes ne sont pas individualisés, tels les poules, les oies, les canards, les moutons, les vaches, les pigeons, la plupart des protagonistes animaux qui jouent un rôle important dans le récit sont identifiés par un prénom. Le choix des noms des animaux n'est pas gratuit et ne résulte pas du hasard ou de la fantaisie. Chaque animal symbolise un comportement humain ; aussi son prénom est-il un moyen pour l'auteur de faire découvrir au lecteur quel homme se cache derrière tel animal. L'onomastique* est avant tout au service de la lecture allégorique* du texte et, comme nous le verrons un peu plus loin dans cette étude, au service d'une lecture historique précise. L'onomastique* est au service de l'intention satirique qui domine tout le récit, mais elle permet aussi de mettre en évidence les sens du texte et les relations des personnages entre eux.

**Rappel du nom des animaux dans la version originale**

| Prénom attribué dans la version originale | Prénom attribué dans la version traduite |
|---|---|
| Old Major (commandant) | Sage l'Ancien |
| Snowball | Boule de Neige |
| Napoléon | Napoléon |
| Squealer (cri aigü) | Brille-Babil |
| Boxer | Malabar |
| Clover (trèfle) | Douce |
| Muriel | Edmée |
| Benjamin | Benjamin |
| Moses | Moïse |
| Pincher | Filou |
| Bluebell (jacinthe des bois) | Fleur |
| Jessie | Constance |
| Mollie | Lubie |
| Pinkeye | Œil Rose |
| Minimus | Minimus |

On constate que la traduction respecte le choix de George Orwell, soit en gardant le même prénom comme *Napoléon, Benjamin, Minimus, Moïse,* soit par traduction littérale, comme *Boule de Neige* ou *Œil Rose,* et si changement il y a, il n'y a pas pour autant trahison, par exemple, *Clover* la jument ainsi nommée par référence au trèfle, herbe tendre et délicate pour les animaux, devient *Douce* et de fait cette jument est tendre et intentionnée à l'égard de tous ; *Squealer,* le cochon porte-parole de Napoléon, est un bavard qui sait se faire entendre : il devient *Brille-Babil,* celui qui « forc[e] l'attention par sa voix perçante. » (21 ; 47) On peut cependant s'interroger sur le choix de *Malabar* pour *Boxer*. En effet, il semblerait que George Orwell ait ainsi appelé le cheval de trait en référence aux « Boxers », les membres de la secte chinoise « Poings de justice et de concorde » et qui sont à l'origine de la « révolte des Boxers » contre la présence des Occidentaux en Chine. On sait que George Orwell a pris position contre l'impérialisme britannique en Inde et par conséquent contre toute forme d'exploitation économique et politique par les puissances occidentales, ce qui explique le choix du nom de « Boxer » pour désigner le cheval de trait le plus acharné à œuvrer pour le maintien du pouvoir de la ferme aux animaux même si, par ailleurs, il est entièrement soumis et incapable de se rebeller contre une autre forme d'oppression. À moins que le terme anglais fasse allusion aux adeptes de la boxe, sport qui nécessite une grande force (les « Boxers » avaient été ainsi nommés par les occidentaux parce qu'ils pratiquaient la boxe sacrée). Autre hypothèse, Malabar serait ainsi nommé par référence aux habitants de la côte de Malabar au sud-ouest de l'Inde, réputés pour leur force.

*Les différentes appellations*

**Désignation par des prénoms humains :** suivant une coutume humaine, les animaux domestiques et certains animaux de ferme sont désignés par des prénoms humains, c'est le cas de : *Benjamin*, l'âne, *Edmée*, la chèvre, *Constance*, la chienne. Les autres animaux sont identifiés par rapport à leur comportement dans la ferme et par rapport à ce qui les caractérise le plus.

**Désignation par un trait de caractère :** *Douce*, la jument de trait, *Lubie*, la jument blanche, *Filou*, le chien, *Sage l'Ancien*, le porc vétéran, *Brille-Babil*, le porte-parole de Napoléon.

**Désignation par un caractère physique :** *Malabar*, le cheval de trait, *Boule de Neige*, le rival de Napoléon, *Œil Rose*, le goûteur de Napoléon.

**Désignation par un nom de personnalité politique historique :** *Napoléon,* le maître de la Ferme des animaux.

**Désignation par un nom de personnage religieux :** *Moïse,* le corbeau apprivoisé de Mr Jones.

*Les différents procédés utilisés*

Tous les personnages sont personnifiés, en témoigne la majuscule de leur nom, conformément au procédé de la fable, ce qui permet une lecture allégorique* du récit, mais on peut observer une diversité des procédés stylistiques qui président à leur dénomination. Ainsi trouve-t-on des périphrases : *Boule de Neige, Brille-Babil, Sage l'Ancien ;* des antonomases* : *Douce, Lubie, Filou* ; des métaphores : *Malabar, Fleur ;* une antiphrase : *Minimus ;* une métonymie* : *Œil Rose.*

*Justification du choix des appellations*

**Sage l'Ancien :** plus que la référence à son âge, l'adjectif « ancien » exprime l'expérience acquise au cours des douze années passées à la ferme sous la domination de Mr Jones, qui l'autorise à parler en toute connaissance de cause de la situation des animaux. Il incarne la sagesse de la maturité et il se fait un devoir de transmettre à ses congénères le fruit de ses réflexions. C'est lui qui explique les causes du malheur des animaux, qui pose les bases de l'*Animalisme* et qui met en garde contre les dangers du pouvoir.

**Napoléon** est ainsi nommé plus par référence à Napoléon III qu'à Napoléon Bonaparte. En effet, avant d'être élu, Louis Napoléon Bonaparte s'était présenté comme un fervent défenseur du suffrage universel et se donnait pour priorité la lutte contre la pauvreté, comme il l'expliquait dans son livre *Extinction du paupérisme.* Pourtant, n'étant pas autorisé par la Constitution à se représenter aux élections présidentielles, il perpétra un coup d'État le 2 décembre 1851 et régna en dictateur jusqu'en 1870. Telle est bien l'attitude de Napoléon, qui s'octroie tous les pouvoirs en dépit des commandements qu'il a lui-même élaborés et imposés à tous les animaux de la ferme.

**Boule de Neige :** outre la référence aux cheveux blancs de Trotski, il est ainsi nommé par opposition à Napoléon, qui endossera le « veston noir » de Mr Jones à la fin du récit. Tous deux sont toujours en totale contradiction et ne partagent pas les mêmes idées quant à la gestion de la ferme. Par ailleurs, un cochon albinos est de toute évidence un cochon en marge des autres, et est appelé à être exclu de la communauté.

**Brille-Babil :** ce nom illustre l'éloquence de ce cochon qui, de fait, use avec art de tous les artifices de la rhétorique, mais cette éloquence est nuancée par le substantif « babil » qui désigne une logorrhée* de paroles futiles. Or force est de constater que Brille-Babil parle beaucoup mais pour ne pas dire grand-chose ou plutôt pour répéter toujours les mêmes propos, à savoir se faire l'écho de Napoléon.

**Œil Rose :** le choix de ce prénom surprend car on pourrait penser qu'il est plus apte à désigner un espion qu'un goûteur. Pour autant, au regard de l'expression « ouvrir l'œil, et le bon » qui signifie « être vigilant », on peut établir une relation entre le nom et le rôle du personnage : il doit être attentif à tout ce que mange Napoléon.

**Minimus :** est la forme latine de « minime » au sens de « petit, peu important, piètre ». Il s'agit effectivement d'un fort mauvais poète qui ne sait écrire que des dithyrambes* ampoulés à la gloire de Napoléon.

**Moïse :** dans l'Ancien Testament, Moïse est un prophète à qui Dieu a donné les principes fondamentaux de la religion, *Le Décalogue,* et qui a pour mission de conduire les Hébreux vers la Terre promise. Comme le personnage biblique, le corbeau prêche la foi en un monde meilleur après la mort.

**Malabar :** est désigné par sa force physique, force qui fait l'admiration de tous les autres animaux de la ferme. C'est un travailleur acharné qui a pour maxime : « il faut travailler plus ». Il ne se pose pas de question, accepte tout ce qu'on lui dit, incapable qu'il est de réfléchir et de faire preuve du moindre esprit critique.

**Douce :** la bien nommée, toujours aimable et serviable. Toujours prête à rendre service. C'est près d'elle que se blottissent les animaux quand ils ont peur.

**Lubie :** la jument blanche est assimilée à ses caprices et ses fantaisies. Toujours en quête d'un ruban ou d'un morceau de sucre, c'est un personnage superficiel qui attache beaucoup plus d'importance à son confort et à son apparence qu'aux valeurs morales de la gente animale.

**Benjamin :** en l'absence de commentaires précis de la part de George Orwell, on peut supposer que l'âne, sceptique, toujours égal à lui-même, est ainsi nommé pour rendre hommage à l'écrivain marxiste juif allemand Walter Benjamin (1892-1940), qui quitta l'Allemagne nazie en 1933 pour aller vivre tantôt dans le Sud de la France, tantôt en Espagne, et qui se suicida de désespoir.

## II. ÉTUDE THÉMATIQUE

### L'animalisme

Si Napoléon, Boule de Neige et Brille-Babil prétendent « avoir élaboré un système philosophique [...] qu'ils appellent l'Animalisme » (21 ; 47), c'est Sage l'Ancien qui en pose les fondements. En effet, dans son discours testamentaire, il dicte les principes qui devraient présider à l'organisation de la nouvelle société dès que l'ennemi aura été évincé de la ferme. C'est parce qu'il a pris conscience que la structure de la Ferme du Manoir repose sur l'inégalité des classes avec, d'une part, le propriétaire riche et tout-puissant, et d'autre part les animaux, travailleurs exploités, corvéables à souhait, à la merci de l'intransigeance et de l'ingratitude de leur maître.

Toutefois, on constate une évolution entre les propos de Sage l'Ancien et l'exploitation qu'en a fait l'éminence grise de la ferme :

| Les principes énoncés par Sage l'Ancien | Les principes retenus par les cochons |
|---|---|
| 1 : « L'ennemi est tout deuxpattes, l'ami tout quattrepattes ou tout volatile » | 1 : « Tout deuxpattes est un ennemi. |
| 2 : « […] la lutte elle-même ne doit pas nous changer à la ressemblance de l'ennemi. » | 2 : « Tous quattrepattes ou tout volatile, un ami |
| « Jamais animal 3 : – n'habitera une maison 4 : – ne dormira dans un lit 5 : – ne portera de vêtements 6 : – ne touchera à l'alcool ou au tabac 7 : – ni à l'argent, ni ne fera de négoce » 8 : « […] jamais un animal n'en tyrannisera un autre. Quand tous sont frères, peu importe le fort ou le faible, l'esprit profond ou simplet. » | 4 : « Nul animal ne dormira dans un lit. » 3 : « Nul animal ne portera de vêtements. » 5 : « Nul animal ne boira d'alcool. » |
| 9 : « Nul animal ne tuera un autre animal. » | 6 : « Nul animal ne tuera un autre animal. » |
| 10 : « Tous les animaux sont égaux. » | 7 : « Tous les animaux sont égaux. » |

Les sept commandements retenus par Napoléon et ses acolytes sont une copie révisée et allégée du décalogue* proposé par Sage l'Ancien. Si de fait on retrouve le principe d'égalité entre les animaux et le principe d'hostilité à l'homme, il n'en demeure pas moins que les propositions de Sage l'Ancien insistent davantage sur les dangers du pouvoir ; c'est pourquoi il décline tout ce que les animaux doivent refuser pour préserver leur intégrité et ne pas se laisser séduire par les habitudes humaines. Par ailleurs, **Sage l'Ancien privilégie l'esprit de tolérance et invite au respect mutuel,** quelles que soient les différences physiques ou intellectuelles. Si l'idée qui sous-tend ces principes réside dans « l'hostilité envers l'Homme et ses façons de faire » (16 ; 37), Boule de Neige en fera « le principe fondamental de l'Animalisme » (40 ; 79) au point que, selon lui, un seul et unique commandement suffit à résumer l'idéal du système philosophique : « Deuxpattes, oui ! Quattrepattes, non ! » (40 ; 79) Dès lors, **le seul véritable objectif réside dans la haine viscérale de l'homme**, ce qui occulte le principe d'égalité entre les animaux et laisse place à d'éventuelles dérives. Et de fait, même si progressivement les animaux se rendent compte que leur sort n'est pas meilleur que du temps de Mr Jones, que le principe d'infaillibilité du système philosophique revendiqué par Boule de Neige n'est pas respecté, même s'ils s'inquiètent de l'arrivée de Mr Whymper en qualité de courtier, ils acceptent néanmoins la situation car « voir Napoléon [...] donner des ordres à ce deuxpattes réveill[e] leur orgueil. » (74 ; 137) Quand dans le dernier chapitre la situation des animaux est aux confins du tragique, le sentiment de liberté n'est pas altéré :

> [...] ils se savaient différents de tous les autres animaux. S'ils avaient faim, ce n'était pas de nourrir des humains tyranniques. (141 ; 253)

L'illusion est totale et intacte malgré les vicissitudes de la vie à la ferme, et ce n'est que lorsqu'ils constatent que les sept commandements ont été remplacés par « Tous les animaux sont égaux mais certains sont plus égaux que d'autres » (144 ; 259) qu'ils prennent enfin conscience que le principe d'égalité entre les animaux est bafoué ; leur orgueil, régulièrement entretenu par Brille-Babil, les avait complètement aveuglés.

## Les abus du pouvoir

### Les décisions unilatérales

Après la mort de Sage l'Ancien, ce sont les cochons et plus particulièrement Napoléon, Boule de Neige et Brille-Babil qui prennent en charge l'avenir de la ferme. Ils préparent le soulèvement, élaborent les principes d'une société nouvelle, organisent des réunions pour initier les autres animaux à l'Animalisme et pour les convaincre de la nécessité de se rebeller contre Mr Jones. Dès le début ils s'imposent comme leaders et s'investissent d'une mission. En apprenant secrètement à lire et à écrire, ils se placent en position de supériorité par rapport aux autres animaux et, selon leur logique, ils se réservent le pouvoir décisionnaire dès lors que Mr Jones est évincé de la ferme. Ils planifient, répartissent les tâches et gèrent « toutes questions touchant à la politique de la ferme » (55 ; 105). **Néanmoins le pouvoir des cochons est limité puisque selon le principe démocratique du suffrage universel, toutes les propositions doivent être soumises à « une ratification à la majorité des voix. »** (55 ; 105) Mais, après le départ de Boule de Neige, les principes démocratiques sont abandonnés et progressivement Napoléon devient omnipotent et prend seul toutes les décisions. Il supprime d'abord les assemblées du dimanche et les remplace par des « séances privées » (63 ; 119), réservées exclusivement aux cochons. **La suppression de toute consultation publique marque le début d'un régime totalitaire sous la domination de Napoléon.** De l'aveu même de Napoléon, ces réunions « ne servent à rien » puisque de fait elles ne sont que mascarades, parodies de démocratie, de même que le chant révolutionnaire *Bêtes d'Angleterre* ou l'appellation « camarades » n'ont « plus aucune raison d'être ». Comme nous l'avons déjà constaté dans l'étude de la structure, chaque chapitre illustre un abus de pouvoir, jusqu'à l'ultime décision qui annule et rend caduque la chartre des sept commandements. Désormais les animaux doivent se contenter d'obtempérer, sans rien dire, ils sont condamnés à la soumission totale, sous peine de représailles, comme le constatent les quatre gorets qui osent condamner l'abolition des assemblées dominicales.

### Le pouvoir de la parole

Pour asseoir son pouvoir, Napoléon use de la force, la force physique des molosses et la force persuasive de l'éloquence :

> Les animaux [...] acceptèrent les explications [...] tant Brille-Babil s'exprimait de façon persuasive et tant grognaient d'un air menaçant les trois molosses. (67 ; 125)

Si Napoléon est un piètre orateur et si de fait nous constatons qu'il prend très peu la parole, Brille-Babil devient un porte-parole très efficace. En effet, Brille-Babil se révèle être un orateur hors pair ; ses discours témoignent d'une maîtrise parfaite de l'art oratoire et respectent tous les canons de la rhétorique d'Aristote. Par exemple le discours au cours duquel il explique le bien-fondé de la suppression des débats publics (64 ; 120) est organisé conformément aux cinq parties de l'art oratoire :

• *L'inventio* annonce le sujet de son discours, à savoir « les dispositions nouvelles ».

• *La dispositio* qui comprend :

- *l'exorde* attire l'attention de l'auditoire, par l'apostrophe « camarades »,
- *la narration* présente les faits : « une tâche supplémentaire » pour Napoléon,
- *la confirmation* argumente en faveur de la thèse défendue : « une lourde et écrasante responsabilité », « un sacrifice ».

• *La réfutation* présente des contre-arguments pour les invalider : « il pourrait vous arriver de prendre des décisions erronées », argument illustré par une supposition : « supposons que [...] vous ayez pris le parti de suivre Boule de Neige... »

• *La péroraison* ou conclusion : « Tel est aujourd'hui le mot d'ordre. Un seul faux pas et nos ennemis nous prennent à la gorge. À coup sûr, camarades, vous ne désirez pas le retour de Jones ? »

• *L'elocutio* ou l'art de dire, de trouver les mots justes pour convaincre : pour cela Brille-Babil a recours au lexique des valeurs morales, « bravoure, loyauté, obéissance, sacrifice », il use d'images frappantes et effrayantes, telle la menace du retour de Jones, il interpelle par des interrogatives rhétoriques, il module le ton par les exclamatives...

• *L'actio :* les gesticulations incessantes qui ponctuent le discours.

• *La memoria* ou les procédés mis en œuvre pour faciliter la mémorisation du discours ; Brille-Babil a le sens de la formule : « de la discipline, camarades, une discipline de fer ».

Ce n'est pas par hasard si la plupart des discours de Brille-Babil se terminent sur la menace du retour de Mr Jones car la péroraison* est une étape capitale de l'argumentaire. Il s'agit pour l'orateur de produire l'impression décisive pour emporter la conviction de l'auditoire et ce recours au chantage atteint à chaque fois son but et achève de persuader les autres animaux en provoquant la crainte :

> Quand on leur présentait les choses sous ce jour, ils n'avaient rien à redire ; (43 ; 83)
>
> Une fois de plus, l'argument était sans réplique (64 ; 121).

À chaque fois que Brille-Babil prend la parole, c'est toujours dans le but de servir les intérêts des cochons et plus particulièrement ceux de Napoléon. Ou il justifie les décisions prises — décisions qui *a priori* ne sont pas justifiées ni justifiables et qui pourraient, en toute légitimité, paraître arbitraires et abusives, telle l'installation des cochons dans la maison de Mr Jones —, ou bien il valorise l'image de Napoléon — n'hésitant pas à transformer en victoire extraordinaire la destruction du moulin —, ou il entretient le climat de terreur. À cet effet, le départ de Boule de Neige est instrumentalisé et, progressivement, Boule de Neige deviendra un traître, un lâche, un usurpateur et un agent secret de Mr Jones, au même titre que Moïse. **Brille-Babil a pour lourde tâche de faire accepter l'inacceptable et de faire passer pour évident ce qui ne l'est pas,** aussi tous les moyens sont-ils bons. Il réussit à faire admettre que les termes « litière » et « lit » sont synonymiques, que les draps sont à proscrire parce qu'ils sont le produit de « l'invention humaine », mais pas les couvertures, que la victoire de la bataille de l'Étable est due uniquement au courage et à l'efficacité de la stratégie de Napoléon, que « leur mémoire leur fait défaut » quand ils croient que le libellé des commandements a changé. Il joue sur les mots et affirme de façon péremptoire* qu'il n'y a pas « réduction des rations alimentaires, mais réajustement » (120 ; 219), et pour prouver qu'il n'existe pas de « pénurie de fourrage » et que tout va pour le mieux dans la Ferme des animaux, il étourdit les animaux de chiffres et de statistiques auxquels ils ne comprennent rien :

> Brille-Babil accumulait les chiffres, lesquels prouvaient une consommation accrue en avoine, foin et navets ; une réduction du temps de travail ; un progrès en longévité ; une mortalité infantile en régression... (120 ; 219)

Il invente les pires fantaisies et profite de la naïveté et de la confiance des animaux quand il dément que Malabar a été envoyé chez l'équarrisseur, leur assurant avec aplomb que :

> le fourgon avait bien appartenu un équarrisseur, mais celui-ci l'avait vendu à un vétérinaire et ce vétérinaire n'avait pas encore effacé l'ancienne raison sociale. (134 ; 241)

Plus que jamais ses propos justifient le commentaire du narrateur selon lequel « Brille-Babil pourrait bien vous prendre des vessies pour des lanternes » (21 ; 47). Enfin, quand il est mis en échec et qu'il est à bout d'argument, il a recours à l'argument d'autorité : « Notre chef [...] a déclaré catégoriquement [...] que Boule de Neige était l'agent de Jones depuis le début. » (91 ; 167), argument irréfutable qui a raison de tous les doutes de Malabar :

> Si c'est le camarade Napoléon qui le dit, ce doit être vrai. (91 ; 127)

Pour convaincre, il multiplie les stratégies argumentatives, **tantôt il fait un plaidoyer en faveur des cochons**, comme dans sa première intervention à la fin du chapitre III, **tantôt l'éloge de Napoléon ou un réquisitoire contre Boule de Neige**. Si parfois il semble qu'il y ait discussion entre lui et Malabar, par exemple, il s'agit en fait d'une aporie* puisque, de toute façon, il ne tient absolument pas compte des arguments de son adversaire et il a le dernier mot. Différents types de raisonnements sont exploités, avec toutefois une réelle préférence pour **l'argumentaire de mauvaise foi** recourant au mensonge, par exemple pour dévaloriser Boule de Neige et l'accuser à tort d'être un usurpateur qui a volé les plans du moulin à Napoléon, le véritable instigateur du projet de modernisation de la ferme. Il va même jusqu'à prétendre détenir des preuves écrites de sa trahison, preuves qu'il est inutile de produire puisque les animaux ne savent pas lire. Il maîtrise parfaitement le raisonnement par l'absurde et tout syllogisme*, par l'absence de relation de cause à effet, devient un sophisme*, ainsi :

> C'est pour votre bien que nous buvons ce lait et mangeons ces pommes [...] L'importance de maintenir les cochons en bonne forme s'impose donc à l'évidence (43 ; 83)

Lorsque Malabar constate qu'au cours de la bataille du Moulin « nous avons repris ce que nous avions déjà », Brille-Babil lui rétorque « c'est bien là notre victoire » (114 ; 207).

Par ailleurs, Brille-Babil a recours aux **trois types de discours** selon les circonstances :

– *Le délibératif,* qui a pour objet ce qui est opportun ou inopportun pour le bonheur des animaux : il s'agit de tous les discours qui justifient les inégalités et les entorses aux commandements (pages 42, 63, 76, 77). Le bonheur général dépend, selon Brille-Babil, du confort des cochons.

– *Le démonstratif,* qui traite de ce qui est bien ou mal, et qui permet de faire de Napoléon le parangon* de la vertu, et de Boule de Neige celui du vice. Ainsi peut-on lire l'éloge de Napoléon qui loue la grandeur de ses vertus et élève au rang de « sacrifice » la tentation du pouvoir absolu. Parfois même on assiste à un véritable panégyrique* qui vante les prouesses de Napoléon, surtout celles qu'il n'a pas accomplies. En revanche, sitôt qu'il s'agit de parler de Boule de Neige, c'est pour en faire le blâme et mettre en garde chacun contre ce pire ennemi.

– *Le judiciaire,* qui accuse Boule de Neige d'avoir violé les lois qui régissent la Ferme des animaux, et le rend responsable de tous les préjudices causés aux animaux : les travaux du moulin sont anéantis par Boule de Neige qui nuitamment s'est introduit dans la ferme, non par la tempête.

### Les privilèges et la violation des commandements

Une société fondée sur le principe d'égalité interdit toute différence de traitement entre ses différents membres. Or force est de constater que l'évolution de la Ferme des animaux se décline au rythme de l'institution de privilèges. Dès lors que les cochons se considèrent comme l'élite intellectuelle, ils forment une « caste » qui les isole du reste des animaux, et au nom de cette suprématie intellectuelle ils s'autorisent des droits qu'ils refusent aux autres. Avant le départ de Boule de neige ils s'octroient uniquement des avantages alimentaires. Mais dès lors que Boule de Neige est chassé de la ferme et qu'il laisse le champ libre à Napoléon pour pouvoir régner en maître absolu, de plus en plus de mesures vont être prises d'abord en faveur de la race porcine en général, tel le droit de se lever une heure plus tard ou de profiter du confort de la maison de Mr Jones, puis en la seule faveur de Napoléon, tel le fait de se faire servir, d'occuper des appartements privés et de manger dans de la porcelaine. Ces privilèges génèrent une fracture sociale et instaurent une société hiérarchisée — comme nous l'avons expliqué dans l'étude de la structure —, ce qui est contraire au principe fondateur de l'Animalisme qui stipule que « Tous les animaux sont égaux » **Napoléon recrée entre les animaux le même type de relation qui existait du temps de Mr Jones, à savoir, dominant/dominé, maître/esclave**. Les privilèges ont pour conséquence directe la violation des commandements. En effet, on constate que la plupart des commandements sont amendés pour justifier les décisions prises au bénéfice des cochons comme c'est le cas des commandements 3, 4 et 5, et que dès lors ils ne s'appliquent pas à l'ensemble des animaux. Les nouveaux principes en vigueur ne concernent que les cochons et légitiment les inégalités. En revanche, les commandements 1, 2 et 7 sont la conséquence de la nouvelle politique économique menée par Napoléon dans le but, non pas de satisfaire aux stricts besoins des animaux, mais d'un enrichissement personnel. Ses ambitions économiques nécessitent un commerce extérieur florissant. Enfin, l'évolution du sixième commandement résulte du besoin de Napoléon de maintenir son pouvoir, de démontrer qu'il est le maître absolu d'une dictature et qu'il a droit de vie et de mort sur ses sujets si d'aventure certains voulaient s'opposer à son pouvoir.

### Le culte de la personnalité

La tentation du pouvoir est très rapidement perceptible dans les attitudes et les comportements de Napoléon, mais ce n'est qu'à partir du chapitre six que l'on apprend, par hasard, et entre parenthèses, que Napoléon s'est octroyé le titre de « Chef Napoléon » (76 ; 141). Aussi convient-il de le considérer avec « dignité » et de lui accorder le respect dû à son rang, lui que désormais on ne désigne que par des périphrases très élogieuses : « Père de tous les animaux, Terreur du genre humain, Protecteur de la Bergerie, Ami des Canetons... » (101 ; 185) Ses rares sorties dans la cour de la ferme se font suivant un protocole très strict « dans le respect de l'étiquette et sous escorte » (85 ; 155). Les molosses, d'abord affectés à la garde des portes de ses appartements privés, lui servent aussi de garde rapprochée, ce qui le rend encore plus inaccessible. Il arbore des décorations, toutes usurpées puisqu'il n'a participé à aucune des batailles de la ferme. Au fur et à mesure qu'il s'impose en maître absolu, « le cérémonial est renforcé » (100 ; 183), le cortège est précédé d'un coq noir « qui faisait office de trompette » (100 ; 183), et d'une « bannière [...] avec cette inscription : "Vive le camarade Napoléon !" » (124 ; 225) **Les animaux lui vouent un véritable culte** et, tel un Dieu, il est considéré comme la cause nécessaire et suffisante de tout le bien qui arrive au point que les poules en arrivent à tenir des propos absurdes :

> Sous la conduite du camarade Napoléon, notre chef, en six jours, j'ai pondu six œufs. (101 ; 185)

La date de son anniversaire est saluée comme un événement providentiel honoré par « une salve de carabine » (101 ; 185). Brille-Babil, dans ses discours à la gloire de Napoléon, dresse un portrait dithyrambique* et « exalt[e] sa sagesse, sa bonté de cœur, son indicible amour des animaux... » (101 ; 185). Minimus écrit un poème à sa gloire, poème dans lequel il rend hommage à sa grandeur et à sa toute-puissance. Mégalomane*, il fait inscrire le poème sur le mur de la grange et fait peindre son portrait « en frontispice » (103 ; 187) ; le moulin est baptisé, selon son désir, « Moulin Napoléon » (107 ; 195). Enfin, il instaure « une Manifestation spontanée hebdomadaire » (123 ; 225), soi-disant pour célébrer les victoires de la ferme, mais en fait la vénération de sa personne est le véritable objet de ces cérémonies dominées par la lecture « des poèmes en [son] honneur » (124 ; 225). **Napoléon illustre**, à n'en pas douter, **toutes les dérives du pouvoir absolu** et plus particulièrement le sentiment aigu d'être important et indispensable, aussi aucun animal n'est étonné qu'il soit le seul candidat autorisé à se présenter à la présidence de la République des Animaux.

## La soumission aveugle

Tous les animaux ont eu l'habitude d'être soumis à leur maître Mr Jones. C'est Sage l'Ancien qui les a incités à se révolter, mais sous le coup de l'euphorie de la liberté retrouvée, ils ne sont pas rendus compte qu'ils se mettaient à la merci des cochons d'abord, de Napoléon ensuite. Mr Jones parti, tout leur semble normal et même si parfois ils constatent que les actes sont en contradiction avec les commandements ou, pire, lorsqu'ils découvrent que le libellé des commandements a changé, ils se persuadent spontanément qu'ils ont mal compris, et la formule la plus récurrente dans tout le récit est :

Ils se rappelaient ou du moins croyaient se rappeler (76, 89, 90, 99)

Parmi les animaux, Malabar et Douce sont ceux qui symbolisent le mieux la soumission totale parce que ce sont eux qui ont le plus foi en l'*Animalisme* et qui adhèrent le plus aux principes de la collectivité, d'autant qu'ils sont incapables de concevoir que Napoléon puisse agir contre eux.

### L'attitude de Douce et de Malabar

Ces deux chevaux sont dès le début les plus réceptifs aux propositions de soulèvement élaborées par Napoléon et Boule de Neige, tandis que les autres animaux se montrent récalcitrants. Ce qui les différencie des autres c'est la confiance spontanée qu'ils accordent aux cochons et, dès lors qu'ils les ont acceptés comme « leurs maîtres à penser » (23 ; 51), ils font preuve d'un zèle exemplaire : ils assistent à toutes les réunions préparatoires au soulèvement, ils assimilent parfaitement les principes de l'*Animalisme* et les « transme[ttent] aux autres animaux avec des arguments d'une honnête simplicité. » (23 ; 51) Ils s'appliquent à apprendre à lire et, malgré son incapacité, Malabar s'acharne et met son point d'honneur à retenir les quatre premières lettres de l'alphabet. **Ils admettent tout sans contester et ne peuvent concevoir que la parole des cochons puisse être mise en doute.** Dès lors ils obéissent sans réserve, par exemple lorsque Malabar est attaqué par trois molosses et qu'il est prêt à les écraser pour sauver sa vie, un seul regard de Napoléon suffit pour l'en dissuader et aussitôt « il lève son sabot » (92 ; 167). Et s'il arrive à Malabar de douter que Boule de Neige puisse être un traître, il se laisse convaincre par Brille-Babil et conclut :

> Si c'est le camarade Napoléon qui le dit ce doit être vrai. (91 ; 167)

Désormais Malabar a un deuxième *credo* :

> Le camarade Napoléon ne se trompe jamais. (65 ; 121)

Douce, en dépit de ses désillusions, ne parvient pas à remettre en cause la gestion de la ferme par Napoléon :

> il ne lui venait pas la moindre idée de révolte ou de désobéissance [...] quoiqu'il arrive elle serait fidèle, travaillerait ferme, exécuterait les ordres, accepterait la mainmise de Napoléon.

### L'attitude des moutons

De loin les plus bêtes et les plus bornés, les moutons sont incapables d'apprendre à lire et encore moins de retenir les sept commandements, et **l'image qui en est donnée est conforme à la tradition du bestiaire qui les définit par leur bêtise et leur instinct grégaire***. Ils incarnent ceux qui calquent leur conduite et leurs opinions sur celles de leur entourage et, en l'occurrence, sur celles de ceux qui ont le plus d'influence sur eux. Crédules et passifs, ils se laissent facilement berner : très facilement, ils deviennent les meilleurs alliés de Napoléon et de Brille-Babil et, très rapidement, ils se désolidarisent des autres animaux de la ferme. Aussi boycottent-ils le discours de Boule de Neige par leurs bêlements intempestifs en scandant « Quatrepattes, oui ! Deuxpattes non ! » à la demande de Napoléon, qui est contre le projet du moulin à vent. Malléables à souhait, ils acceptent de jouer le rôle que Napoléon leur dicte quand Mr Whymper vient à la ferme, à savoir celui de moutons nourris en abondance alors que leurs rations sont diminuées. Dans le dernier chapitre, ils se laissent acheter pour un peu de plus confort et un peu plus de loisir par Brille-Babil, qui en secret leur apprend un nouveau slogan : « Deuxpattes, bon ! Quatrepattes, mieux », slogan qui parodie la formule par laquelle Boule de Neige avait résumé pour eux les sept commandements, slogan qu'ils bêlent à tue-tête quand les autres animaux se décident à protester dans le dernier chapitre.

### L'attitude de Benjamin

Nous avons constaté que Benjamin ne change pas ses habitudes dès lors que les cochons ont pris le pouvoir de la ferme et qu'il reste très dubitatif quant à l'amélioration des conditions de vie. Pour autant, il ne se révolte pas et semble accepter passivement la situation comme une fatalité contre laquelle il ne peut rien. Pour autant, **Benjamin est le seul protagoniste animal à ne pas vraiment se soumettre**, il subit malgré lui et reste en marge de la nouvelle société. Il ne fait pas plus d'efforts qu'auparavant même si le travail est plus important et ne donne jamais son avis puisqu'il a compris que cela ne servait à rien et que la consultation dominicale n'était qu'une mascarade démocratique. Il est indifférent à ce qui se passe.

## L'oppression et la répression

### L'esclavage du travail

Sage l'Ancien, dans son bilan de la condition animale, insiste sur l'esclavage du travail. À la Ferme du Manoir, les animaux sont exploités et sont victimes d'un système basé sur le profit. Aussi, le projet de société qu'il propose repose-t-il sur une conception différente du travail : **les animaux travailleront pour eux et non pour un maître**. Ce sentiment anime tous les animaux après le soulèvement. Ils travaillent avec entrain, assiduité et courage et leur ardeur est d'autant plus grande qu'ils travaillent librement et que chacun respecte le travail de l'autre. Ils ne reculent devant aucune difficulté et même s'ils sont contraints de tout faire manuellement puisqu'ils ne peuvent se servir des machines agricoles, construites par et pour l'homme, ils réussissent à être plus performants que du temps de Mr Jones. Le sens de la collectivité l'emporte et ils sont conscients que mieux ils travaillent, meilleur est le rendement et, par conséquent, mieux ils seront nourris. De plus très vite ils constatent qu'un travail bien organisé et partagé par tous, ou presque, leur permet de pouvoir bénéficier de temps libre. C'est donc dans l'allégresse générale que s'effectuent les travaux des champs et le foin a une tout autre saveur :

> Tout aliment leur était plus délectable d'être le fruit de leur effort. (34 ; 69)

Les animaux découvrent le bonheur du travail bien fait et acceptent d'autant mieux la fatigue :

> Toute l'année, les animaux trimèrent comme des esclaves, mais leur travail les rendait heureux. (68 ; 127)

Pour autant ce bonheur est de courte durée. En effet, si Boule de Neige partage les mêmes idées que Sage l'Ancien et s'il met tout en œuvre pour participer au bon fonctionnement de la ferme et améliorer les conditions de travail pour permettre plus de loisir, Napoléon, quant à lui, a une tout autre conception de la ferme. Pour lui c'est moins l'autogestion qui importe que sa vanité et son profit. Aussi le moulin est-il construit non pas pour améliorer le confort des animaux et diminuer la charge de travail, mais pour démontrer aux hommes que la technique ne leur est pas exclusivement réservée et que des animaux sont capables de moderniser une ferme qui, somme toute, était bien « vieillotte ». La construction du moulin atteste donc la réussite de Napoléon et, tout naturellement, il est baptisé « Moulin Napoléon ». Par ailleurs, l'évolution de Napoléon est telle que les avantages du moulin sont mis au service de la rentabilité. Napoléon impose sa « ligne de politique nouvelle » et oriente la Ferme des animaux vers le négoce. Dès lors, le but du travail n'est plus la satisfaction des besoins vitaux des animaux mais l'expansion d'un commerce extérieur florissant et le moulin sert à « moudre le blé et [à] rapport[er] de fameux bénéfices. » (138 ; 247) Le blé n'est plus cultivé que pour faire de la farine pour la consommation des hommes, et l'orge est exclusivement réservée à la fabrique de la bière, pour la consommation personnelle de Napoléon. Pour honorer les dépenses nécessaires à la modernisation de la ferme, une bonne partie des récoltes doit être vendue et les animaux sont spoliés de leurs biens, sauf les cochons qui ne sont jamais soumis aux restrictions alimentaires. Ces nouvelles orientations accroissent le travail des animaux, qui sont contraints de travailler soixante heures par semaine, même le dimanche après-midi, sans pour autant être mieux nourris, loin s'en faut. **Leur situation est plus précaire que lorsqu'ils travaillaient pour Mr Jones**, non seulement parce qu'ils sont moins bien nourris mais aussi parce que les cochons se révèlent être des contremaîtres très intransigeants. Le travail est étroitement surveillé, tout animal qui refuse de se soumettre au rythme imposé a « ses rations diminuées de moitié » (69 ; 127), et Napoléon leur impose de plus en plus de travail. Non seulement ils cultivent les champs, mais ils doivent aussi reconstruire le moulin détruit par Frederick et construire une école pour la progéniture de Napoléon. De plus le travail qui leur est demandé est de plus en plus pénible. Les animaux de la ferme s'improvisent maçons, tirent des blocs de pierre à longueur de journée, fonction qui dépasse leurs compétences et leurs aptitudes physiques, de sorte qu'ils progressent « avec une lenteur désespérante » et que le plus souvent « leurs efforts sont vains. » (69 ; 129) C'est grâce à Malabar que, finalement, le « gros œuvre » peut être effectué. Sa force et sa ténacité font de lui le travailleur modèle. Toujours prêt à travailler plus, à se lever plus tôt, il est d'une efficacité extraordinaire :

> Et chacun était saisi d'admiration, le voyant ahaner, et pouce à pouce gagner du terrain — tout haletant, ses flancs immenses couverts de sueur, la pointe des abots tenant dru au sol. (70 ; 131)

Jamais il ne se plaint et, lorsque par malheur il est blessé, il ignore sa blessure, « refuse de prendre un seul jour de repos » (119 ; 217), et n'écoute pas les exhortations de Douce et de Benjamin. Tout entier dévoué à la cause de la ferme, il met un point d'honneur à s'investir au maximum dans l'élaboration des projets de Napoléon. Véritable martyre de la ferme, victime de l'ingratitude de Napoléon qui le confie à un équarrisseur quand il comprend qu'il est devenu improductif, donc inutile à la ferme, il meurt sans avoir vu le moulin reconstruit. Sa mort illustre le don total de soi, ce qu'ont bien compris les cochons qui l'élèvent, *post mortem*, au rang de travailleur exemplaire et qui se servent de sa mémoire pour exhorter les autres animaux au travail.

### La terreur

Pour s'imposer et prendre le pouvoir, Napoléon a recours à la force et Boule de Neige est victime d'un véritable coup d'État. L'expulsion de celui qu'il considère comme son rival, poursuivi par les chiens hargneux « tous crocs dehors » (62), laisse les autres animaux sans voix et terrifiés. Cette scène introduit un climat de terreur, **terreur qui régnera tout au long du récit et qui ira *crescendo*.** Le lexique de la détresse exprime parfaitement cette progression : les animaux sont d'abord « abasourdis et épouvantés » (61 ; 115), puis « terrifiés », « consternés », désemparés » (61 ; 115), ils « frisonn[ent] d'horreur » (94 ; 171), enfin ils sont « au désespoir » (132 ; 239). Par la terreur, Napoléon veut imposer sa loi et contraindre les animaux au respect en leur inspirant la peur et les moyens qu'il met en œuvre sont divers et nombreux.

Par sa seule présence, Napoléon est un personnage imposant, d'autant qu'il est toujours accompagné des molosses dont les grognements terrifiants pétrifient les animaux. Un seul regard, « oblique et singulier » (61 ; 115) suffit à condamner Boule de Neige ; d'un geste de la patte il impose le silence ; au son « aigu »

(61 ; 115) de sa voix terrible, les molosses se ruent sur Boule de Neige. **Il fait courir des rumeurs** pour distiller la haine et la crainte de Boule de Neige et de Mr Frederick. Il dresse un tableau horrible des mauvais traitements infligés aux animaux de la ferme de Pinchfield :

> il avait fouetté un vieux cheval jusqu'à ce que mort s'en suive, laissait ses vaches mourir de faim, avait jeté un de ses chiens dans la chaudière [...] Au récit d'atrocités pareilles, le sang des animaux ne faisait qu'un tour. (104 ; 191)

Boule de Neige est à ce sujet le meilleur instrument au service de la terreur. Après avoir réussi à convaincre les animaux que Boule de Neige est un traître, Napoléon va se servir de son fantôme pour entretenir et augmenter le climat de terreur. On soupçonne sa présence partout dans la ferme. Tous les dysfonctionnements de la ferme ont pour cause son esprit vengeur :

> on prit pour habitude de lui imputer tout forfait, tout contretemps.(87 ; 159)

Napoléon offre récompense et gratification à qui le capturera. Brille-Babil affirme même que certains animaux sont des agents de Boule de neige, ce qui engendre un climat de suspicion qui modifie le comportement des animaux, chacun suspectant l'autre.

Il use du **chantage** pour se faire obéir : si un animal refuse de se soumettre aux nouveaux horaires de travail, sa ration alimentaire sera diminuée ou si l'un d'entre eux ose donner « un seul grain de blé » (86 ; 157) aux poules rebelles, il sera exécuté. Si les animaux n'acceptent pas que les cochons aient des traitements de faveur, Mr Jones reviendra.

**Il manipule les esprits en orchestrant de véritables machinations**. Selon ses différents projets, Napoléon dit tout et son contraire, et régulièrement on assiste à des renversements de situation. Ainsi Brille-Babil, pour faire admettre la construction du moulin après que Napoléon a considéré ce projet comme une hérésie, démontret-il que jamais Napoléon n'y a été hostile. « Tout au contraire, il l'avait préconisé le premier » (66 ; 125), affirme-t-il, et s'il avait donné l'impression de s'opposer à Boule de Neige sur ce sujet, c'était en fait une stratégie savamment élaborée pour évincer celui qui — contrairement à ce qu'il disait — était en fait contre la modernisation de la ferme et, de ce fait, aurait empêché Napoléon de mener à bien cette entreprise. Au gré de ses hésitations et de ses tractations commerciales avec les fermiers voisins, il annonce tantôt que Frederick est un ennemi et Pilkington un ami, et inversement « Mort à Frederick » devient deux pages plus loin, « Mort à Pilkington » (107 ; 195) ; et Boule de Neige se trouve tantôt chez l'un, tantôt chez l'autre. Lorsque finalement, contre toute attente, les madriers sont vendus à Frederick, Napoléon charge Brille-Babil d'expliquer qu'une fois de plus, il a agi selon une tactique bien étudiée :

> [...] pendant la période de son amitié prétendue avec Plikington, Napoléon avait entretenu avec Frederick des relations secrètes. (107 ; 195)

Les **mensonges** et les **contre-vérités** sont légion au point que, le plus souvent, les autres animaux ne savent plus distinguer ce qui est vrai de ce qui est faux et ils finissent par accepter arbitrairement tout ce que dit, ou plutôt fait dire, Napoléon et concluent comme Malabar que « Napoléon ne se trompe jamais. » (76 ; 141). **Devenu infaillible, Napoléon peut tout affirmer ou infirmer** selon les circonstances et, de ce fait, transformer en situation favorable toutes celles qui lui étaient défavorables. C'est ainsi que Brille-Babil réécrit l'expropriation de Mr Jones en déclarant que c'est Napoléon qui a mis en fuite le propriétaire de la Ferme du Manoir en lui mordant le mollet et Boule de Neige, loin d'être loué et récompensé par son courage, fut « blâmé pour sa couardise. » (106 ; 193) De même Brille-Babil affirme que jamais il n'a existé de « résolution condamnant le commerce et l'usage de l'argent » (73 ; 135) et si, de fait, la charte ne fait aucune mention des relations à l'argent, les propositions de Sage l'Ancien précisaient :

> Jamais animal [...] ne touchera [...] à l'argent, ni ne fera de négoce.
> (16 ; 37).

Alors que les animaux « semblent menacés de mort lente » (85 ; 153), il importe que non seulement la situation soit ignorée à l'extérieur de la ferme, mais encore faut-il que les fermiers des alentours soient persuadés de la prospérité de la Ferme des animaux. Aussi Napoléon offre-t-il à Mr Whymper le spectacle des mangeoires faussement pleines tandis que les moutons exaltent « les rations plus abondantes » que jamais. Pour cette première mise en scène, Napoléon est parfait puisque Mr Whymper « tomba dans le panneau, et rapporta partout qu'à la Ferme des animaux, il n'y avait pas de disette. » (84 ; 155)

Fort de cet effet, Napoléon organise des **mises en scène** pour davantage frapper et interpeller les animaux et renforcer le climat de terreur. Excellent acteur, il s'improvise détective et traque les moindres indices pour rendre plausible et véridique la « présence impalpable » de Boule de Neige.

> Il inspect[e] les bâtiments [...] il [fait] halte pour flairer le sol [...] Du groin, il flair[e] la terre avec insistance, puis d'une voix terrible s'écri[e] : « Boule de Neige ! Il est venu ici ! Mon odorat me le dit. »
> (88 ; 161)

L'effet attendu est immédiat :

> Les animaux étaient pétrifiés d'effroi. C'était comme si Boule de Neige [...] les menaçait de cent dangers. (88 ; 161)

Il organise une confession publique et fait égorger tous les animaux qui sont faussement accusés de traîtrise. Le spectacle de la cour de la ferme transformée en « salle d'exécution », l'odeur du sang, achèvent de convaincre les animaux de la toute-puissance de Napoléon et ils le craignent plus que jamais : tous les animaux « frissonnaient d'horreur » (94 ; 171) ; le climat de terreur est à son paroxysme. **En effet, ces exécutions publiques doivent servir d'exemple et dissuader quiconque de tenter d'entraver la politique de Napoléon.** Telle une épée de Damoclès fichée au-dessus de leur tête, la condamnation à mort protège Napoléon de toute révolte et condamne les animaux au silence et à la soumission absolue.

Napoléon crée tout un contexte tel qu'il conditionne psychologiquement les animaux. Vivant perpétuellement dans la peur, ils sont obsédés par l'idée de nuire et ils développent **un véritable sentiment de culpabilité qui atteint la paranoïa***. Ils s'accusent de fautes qu'ils n'ont pas commises, d'être de connivence avec Boule de Neige et d'agir pour son compte contre Napoléon. Ils s'accusent des crimes les plus noirs, tel avoir collaboré à l'effondrement du moulin ou avoir « tué un vieux bélier particulièrement dévoué à Napoléon », comme des peccadilles les plus anodines, comme avoir « volé six épis de blé. » (93 ; 169) Ils s'accusent spontanément. Un jars va même jusqu'à se punir lui-même en se suicidant.

Certaines mises en scène, si elles ne sont pas au service de la terreur, font l'objet de **manipulations mentales**. Les animaux sont incapables de faire valoir le moindre esprit critique. Les discours de Brille-Babil véhiculent une **pensée unique** et progressivement on assiste à un anéantissement de la pensée individuelle. Seule compte la pensée collective imposée par l'idéologie dominante. La formule « Deuxpattes, oui, Quatrepattes, non ! », proposée par Boule de Neige pour faciliter la mémorisation des principes de l'Animalisme, est détournée de ses objectifs. Désormais, répétée en toutes circonstances par les moutons, elle permet de flatter l'orgueil des animaux et leur rappelle que le plus important est d'être différent des animaux des fermes voisines. Pour sauvegarder ce qu'ils considèrent comme un honneur, ils sont prêts à tout supporter et Napoléon peut abuser de leur dévouement à la cause de la Ferme des animaux. Les manifestations spontanées, avec leur faste et leurs discours, « leur faisait oublier un temps qu'ils n'avaient pas le ventre creux » (125 ;

227) ; et ils restent convaincus, en dépit des privations, qu'ils sont heureux et que la vie est belle. Les deux *credo* de Malabar « Je vais travailler plus. » et « Napoléon ne se trompe jamais. » illustrent parfaitement les effets de la manipulation mentale. Malabar exprime les impératifs auxquels sont soumis les animaux par le pouvoir despotique de Napoléon, à savoir le travail et l'obéissance.

## Un monde à l'envers

Quand Napoléon se présente dans la cour de la ferme, debout sur ses deux pattes arrière, tenant « un fouet dans sa patte » (142 ; 255), le narrateur fait ce commentaire :

> C'était comme le monde à l'envers. (143 ; 257)

Mais ce n'est pas une impression, car rien de ce qui était prévu n'est arrivé. Au contraire, **ce qui s'est produit est diamétralement opposé aux raisons qui ont été à l'origine du soulèvement**. Les animaux rêvaient de la République des Animaux et ils vivent dans un État totalitaire. Napoléon s'est arrogé les pleins pouvoirs, il est devenu un despote tyrannique. Ils voulaient créer une société fondée sur le principe souverain de l'égalité de tous et désormais, le seul et unique commandement qui régit la ferme revendique l'inégalité comme nécessité absolue. Leur but était un bonheur simple, travailler certes, mais juste ce qu'il faut pour satisfaire leurs besoins. Ils pensaient élaborer une économie coopérative avec mutualisation des moyens et partage des biens, mais le but de la ferme est devenu le profit et l'enrichissement de son chef suprême.

Les hommes ne sont plus des ennemis à combattre mais des amis avec qui Napoléon entretient des relations cordiales : « Pour la première fois, hommes et animaux se rencontraient sur un pied d'égalité. » (145 ; 261), et les moutons sont les chantres de cette nouvelle situation : « Quatrepattes, bon ! Deuxpattes, mieux ! » (143 ; 257). Non seulement l'aversion pour la race humaine est révolue mais plus encore, Napoléon, devenu mentalement l'un des leurs, fait tout pour leur ressembler physiquement. Il endosse le costume de Mr Jones et fume sa pipe. De la même façon, les hommes, qui craignaient tout d'une ferme gérée par des animaux, sont rassurés et admiratifs. Ils considèrent la Ferme des animaux comme un modèle à suivre. Napoléon est le meilleur fermier de l'Angleterre. Il a su, mieux que les hommes, exploiter au maximum les compétences de sa main d'œuvre, faire régner l'ordre grâce à son autorité incontestée. Il est plus tyrannique aussi puisque les animaux « travaillent plus dur et reçoivent moins de nourriture que les autres animaux du comté. » (147 ; 263) Par ailleurs, la Ferme des animaux est une réussite sur le plan technologique, elle a su mettre le progrès au service de la rentabilité, ce qui sans conteste est une performance capitaliste, et Pilkington entend suivre les traces de Napoléon.

Le dernier chapitre illustre la faillite du projet d'une république socialiste comme l'atteste la dernière mesure prise par Napoléon, à savoir récuser l'appellation Ferme des animaux : « La ferme serait connue à l'avenir sous le nom de Ferme du Manoir — son véritable nom d'origine, sauf erreur de sa part. » (150 ; 269) Or « Napoléon ne se trompe jamais. » !

L'histoire de la Ferme des animaux est un coup pour rien, tout est à refaire et si Sage l'Ancien revenait, il exhorterait les animaux à se rebeller contre Napoléon. Mais on ne peut réécrire l'histoire : quand l'ambition domine le chef, qu'il soit homme ou animal, c'est la loi du plus fort qui s'imposera.

## L'impossible révolution

### Échec des tentatives de révolte

Nous avons déjà constaté que parfois le doute s'installe chez certains animaux car, aussi dociles soient-ils, ponctuellement ils se rendent compte que les faits sont en contradiction avec les principes de l'*Animalisme* ou que les propos de Brille-Babil sont mensongers, comme le mentionne la récurrence de cette phrase :

> Ils se rappelaient tous ou du moins croyaient se rappeler (89 ; 163)

Mais le plus souvent, ils ne dépassent pas le stade du doute et très vite ils se laissent convaincre, acceptant comme une évidence ce qui relève de l'usurpation. Tel est le cas de Douce par exemple qui croyait avoir d'abord lu qu'« aucun animal ne dormira dans un lit », et qui admet s'être trompée « puisque c'était inscrit sur le mur, il fallait se rendre à l'évidence » (76 ; 141), elle se persuade qu'elle avait omis de lire la restriction « avec des draps ».

Malabar est moins enclin à se laisser abuser. Il ose s'élever contre les accusations portées contre Boule de Neige et refuse de le considérer comme un traître de la cause animale. Il soutient que, lors de la bataille de l'Étable, il s'est comporté en héros valeureux. Aux suppositions de Brille-Babil, il oppose son témoignage puisqu'il a pu constater *de visu* la bravoure de Boule de Neige. Mais Malabar doit s'avouer vaincu. Aussi solide soit son plaidoyer, il ne peut résister à Brille-Babil qui lui assène un argument arbitraire sous la forme d'un **argument d'autorité,** et Malabar accepte la contre-vérité :

> Si c'est la camarade Napoléon qui le dit, ce doit être vrai. (91 ; 167)

Par ailleurs, les animaux sont tellement conditionnés que le plus souvent ils ne réagissent pas, car ils sont dans l'incapacité de le faire. Ainsi, lorsque Boule de Neige est contraint de quitter la ferme, ils assistent muets et impuissants à la scène :

> Plusieurs d'entre eux auraient protesté, si des raisons probantes leur étaient venues à l'esprit. (63 ; 119)

De plus, dans le climat qui règne à la ferme depuis le départ forcé de Boule de Neige, il est quasi impossible pour les animaux de se rebeller contre l'autorité de Napoléon et les rares tentatives avortent. Outre la force de persuasion de Brille-Babil, la présence des molosses suffit à décourager tous ceux qui oseraient contester. Les premiers à le comprendre sont les quatre jeunes gorets qui osent prendre la parole sans y être invités et qui, de surcroît, s'élèvent contre la suppression des assemblées du dimanche :

> Soudain, menaçants et sinistres, les chiens autour de Napoléon se mirent à grogner, et les porcelets se turent et se rassirent. (63 ; 119)

Tantôt les moutons font le même office que les molosses, et leurs bêlements intempestifs ruinent toute tentative de révolte. C'est ce qui se passe lorsque les animaux constatent que Napoléon arpente la cour de la ferme, campé sur ses deux pattes arrières, et tenant un fouet dans une de ses pattes avant :

> [...] au mépris de tout — de leur frayeur des chiens, et des habitudes acquises au long des ans de ne jamais se plaindre ni critiquer, quoi qu'il advienne — ils auraient protesté sans doute, élevé la parole. Mais alors [...] tous les moutons en chœur se prirent à bêler [...] Et quand ils se turent, aux autres échappa l'occasion de protester car le cortège des cochons avait regagné la résidence. (143 ; 257)

L'entreprise des poules n'est pas plus fructueuse que celle des jeunes gorets. Si dans un premier temps elles « élèv[ent] des protestations scandalisées » (85 ; 157) et refusent catégoriquement de céder leurs œufs à Mr Whymper en les cassant et si, courageusement, elles résistent cinq jours aux privations infligées par Napoléon en signe de répression, elles sont contraintes d'abdiquer et d'accepter le diktat imposé par Napoléon :

> [...] elles capitulèrent et regagnèrent leurs pondoirs.

Dès lors, la loi du silence s'impose, non seulement par peur mais aussi parce que l'horreur est indicible. Ainsi, après la mise à mort des soi-disant coupables,

> ils n'auraient pas pu dire ce qui les bouleversait le plus : la trahison de ceux ayant partie liée avec Boule de Neige, ou l'horreur du châtiment. (94 ; 171)

Progressivement, les animaux subissent de plus en plus passivement les injustices et les mauvaises conditions de vie au point qu'ils n'osent même plus parler entre eux de peur d'être entendu :

> [...] chacun se gard[ait] d'en rien dire à portée d'oreille de cochons ou de chiens. (99 ; 181)

### Désillusion et pessimisme ?

Les deux derniers chapitres de *La Ferme des animaux* font état d'un bilan négatif de la gestion de la ferme par les cochons. Les conditions de vie sont loin de correspondre aux attentes des premiers chapitres. Avec amertume les animaux constatent « la rudesse de leur vie à présent et que souvent ils [ont] froid et faim. » (121 ; 221). Ils doivent travailler de plus en plus. Outre la surcharge de travail imposée par les ambitions de Napoléon, il y a de plus en plus de bouches à nourrir, la natalité porcine étant en réelle progression et il n'est plus question d'envisager une retraite bien méritée après de longues années de bons et loyaux services. Benjamin constate que rien n'a changé et qu'en dépit du programme optimiste de l'Animalisme :

> les choses n'avaient jamais été, ni ne pourraient jamais être bien meilleures ou bien pires. (140 ; 251)

L'espoir d'une vie meilleure semble appartenir à un passé révolu dont les rares survivants de l'époque du soulèvement se souviennent à peine tant leur quotidien ressemble en tout point à ce qu'ils subissaient quand Mr Jones les gouvernait :

> Leur vie était comme elle avait toujours été. (139 ; 249)

Certains se surprennent à penser qu'un monde meilleur existe sûrement et sont prêts à se laisser séduire par la Montagne de Sucrecandi promise par Moïse.

Ce qui avait été vécu comme une véritable révolution est devenu pour les nouvelles générations un détail de l'histoire de la Ferme des animaux, persuadés qu'ils sont que :

le bonheur le plus vrai [...] réside dans le travail opiniâtre et l'existence frugale. (138 ; 249)

Mais s'ils sont déçus, ils ne sont pas désespérés. **Ils continuent à vivre dans l'illusion que leur sort est enviable**. Ils restent persuadés qu'ils ont réussi à préserver leur liberté :

[...] ils étaient esclaves alors mais maintenant ils étaient libres (121 ; 221)

Ils étaient confortés dans l'idée d'être leurs propres maîtres [...] et d'œuvrer à leur propre bien. (124 ; 227)

[et] on vivait plus dignement qu'autrefois. (123 ; 225)

Par ailleurs, « les animaux ne renoncèrent jamais à l'espérance » (140 ; 251), « ils croyaient encore à la bonne nouvelle annoncée par Sage l'Ancien : la République des Animaux. » (140 ; 253) Les paroles de *Bêtes d'Angleterre*, ont toujours un sens et sont porteuses d'un idéal à atteindre, celui de l'expropriation définitive de l'homme du monde rural, de la liberté, du bonheur tout simplement. Leur foi en l'avenir est intacte et ils espèrent toujours que leur rêve se réalisera et envisagent le futur avec le même optimisme qu'au début. Seulement l'espoir de voir leurs rêves se réaliser est différé dans le temps :

Le jour viendrait : pas tout de suite, pas de leur vivant peut-être. N'importe, le jour venait. (140 ; 253)

Le message de George Orwell est sans équivoque, **il n'a pas voulu démontrer que le socialisme est voué à l'échec, mais seulement qu'une forme de socialisme est condamnable** dès lors qu'il agit à l'encontre du peuple. Il a voulu montrer les dérives de la tentation du pouvoir et les conséquences néfastes sur le peuple. Le socialisme parfait est selon l'auteur un rêve, mais il est important d'y croire pour que le progrès social avance. Dès lors il garde l'espoir qu'un monde meilleur est possible, mais qu'il faut être toujours vigilant et que chacun doit lutter pour garder son intégrité et sa dignité. Pour cela, il ne faut pas se laisser guider aveuglément.

## III. UNE LECTURE PLURIELLE

### Un apologue

La Fontaine, dans la préface des *Fables,* écrit en 1668 :

> La vérité a parlé aux hommes par paraboles, et la parabole est-elle autre chose que l'apologue, c'est-à-dire un exemple fabuleux et qui s'insinue avec d'autant plus de facilité et d'effet qu'il est plus commun et plus familier.

Cette définition de l'apologue peut apporter une réponse à la question que se pose George Orwell quant à l'adéquation du choix du genre littéraire avec le but à atteindre :

> L'un des principaux problèmes de notre temps est de faire prendre conscience aux gens de ce qui se passe au-delà de leur petit univers et il faudra mettre au point une nouvelle technique littéraire.

Le titre exact de l'œuvre, *Animal Farm, a Fairy Story,* semble indiquer que George Orwell a choisi le genre merveilleux du conte de fée si on se réfère au sens premier de « fairy story ». Or, si *la Ferme des animaux* commence de fait comme un conte avec l'expulsion du méchant fermier qui maintenait en esclavage les gentils animaux, force est de constater que très vite l'horizon d'attente créé par le titre est déçu, ce n'est pas le portrait d'une société idéale qui se donne à lire, et le rêve se transforme vite en cauchemar. « fairy story » est donc une antiphrase. Loin de décrire une société idéale, ***La Ferme des animaux* est une contre-utopie ou distopie**. Par ailleurs, George Orwell récuse une certaine forme romanesque, ces « romances mystérieuses [...] parce qu'on ne peut plus se permettre d'être inconscient des réalités contemporaines. » (EAL, tome 1) En choisissant de mettre en scène des animaux, **George Orwell inscrit plutôt son œuvre dans le genre très ancien de la fable**, telle qu'elle était pratiquée dans l'antiquité gréco-latine par Ésope ou Phèdre. Et de fait, on retrouve dans le récit toutes les caractéristiques de l'apologue, terme qui désigne « un récit détaillé chargé d'illustrer une morale. », récit imaginaire allégorique* destiné à corriger les mœurs et les comportements et à interpeller le lecteur sur les valeurs de la vie. Cette définition correspond tout à fait à *La Ferme des animaux.* Du point de vue formel, c'est un récit assez bref qui évolue selon un schéma narratif simple. **C'est un récit qui permet une double lecture**, l'une au premier degré, l'autre allégorique* qui remplit une fonction critique et satirique. Sans aucune ambiguïté, sous le voile de l'allégorie*, l'auteur fait la satire du pouvoir, de l'église, de l'homme en général. Le récit a un but édifiant et remplit une fonction morale sociale et politique, met en garde contre les comportements humains et invite à la réflexion. Tel La Fontaine, **George Orwell se « ser[t] d'animaux pour instruire les hommes »** et si la leçon est amère, le récit n'en est pas pour autant austère. George Orwell, comme tous les fabulistes, sait que le récit doit être plaisant pour faire adhérer le lecteur et il use de tous les registres. Le comique et le tragique, le grave et le léger, le sérieux et le grotesque se côtoient ; le va-et-vient constant entre le langage animal et le langage humain crée un style plaisant, plein d'humour. À la langue de bois de Napoléon et de Brille-Babil, George Orwell a voulu opposer un langage clair et simple accessible à un très large lectorat, et ce n'est pas par hasard si *La Ferme des animaux* est un ouvrage étudié en collège comme en lycée ou dans le supérieur.

George Orwell a écrit ce que nous appellerions volontiers un « roman fable », au même titre que Voltaire écrivait des contes philosophiques.

## Une fable politique historique

Le texte de George Orwell s'inscrit dans un contexte historique précis dans le but de stigmatiser* le régime soviétique, comme il le confirme dans une lettre à Gollancz, le 19/03/1944, lettre dans laquelle il définit *La Ferme des animaux* en ces termes :

une histoire assez courte [...] avec une signification politique. [...] (elle est anti-stalinienne).

Dès lors l'objectif de George Orwell est clairement posé. Il veut **dénoncer le totalitarisme du régime stalinien** qui n'autorise qu'un seul pouvoir, qu'un seul parti, réduit toutes les libertés, met à son service une police toute puissante, manipule les esprits, et fait disparaître l'individu en tant que tel. Staline, par sa soif de pouvoir, a ruiné le socialisme ouvrier qui aspirait à la justice. Le rêve d'une société fondée sur la justice s'écroule. Staline est un usurpateur qui a perverti les idées de Marx et de Engels. L'ouvrier, victime des ambitions industrielles, n'est plus au centre de ses préoccupations. Le socialisme qu'il propose ne peut en aucun cas être une solution aux problèmes du peuple tant est grand le hiatus qui existe entre sa conception intellectuelle et théorique du socialisme et les réalités sociales. De plus, il y a discordance entre les ambitions du pouvoir et celles du monde ouvrier ; aussi les conditions de vie restent-elles inchangées et, comme le dit le narrateur au sujet des animaux de la ferme, « leur problème [reste] insoluble. » (139) Aussi, pour l'auteur, **Staline représente-t-il un danger pour le socialisme démocratique** et il se fait un devoir de « détruire le mythe soviétique si nous voulons assister à la renaissance du socialisme. » (préface à l'édition ukrainienne) Il veut « dénoncer l'aisance avec laquelle la propagande totalitaire peut assujettir la pensée de l'intelligence occidentale ». C'est un anti-modèle pour les autres pays et il est temps de dire la vérité. Si la trame narrative de *La Ferme des animaux* retrace l'histoire de la Russie depuis la révolution de 1917 jusqu'aux accords de Yalta en 1945, c'est pour donner un autre regard sur les événements et mettre en évidence tout le mécanisme mis en place par Staline pour instaurer un régime totalitaire.

Nous proposons une Table de correspondance pour une lecture allégorique de *La Ferme des animaux* :

## Les lieux

| | |
|---|---|
| La maison de Mr Jones | le palais du tsar Nicolas II, puis le Kremlin, quand Napoléon s'y installe |
| La Ferme du Manoir | l'Empire russe |
| La Ferme des animaux | la Russie, puis l'URSS une fois que Napoléon fera proclamer la République des animaux |
| Foxwood | l'Angleterre, « une vaste exploitation mal tenue et vieux jeu » |
| Pinchfield | l'Allemagne |

## Les événements

| | |
|---|---|
| L'expulsion de Mr Jones | révolution d'octobre 1917 |
| L'opposition entre Napoléon et Boule de Neige | la scission à l'intérieur du parti : les partisans de Staline d'une part et les partisans de Trotski d'autre part. |
| L'exclusion de Boule de Neige | l'expulsion de Trotski |
| La première insurrection des fermiers | la guerre contre les Russes blancs |
| Le marché conclu avec Frederick sur la vente du bois | le pacte germano-soviétique |
| L'insurrection de Frederick | l'invasion de la Russie par l'Allemagne |
| Le repas convivial avec Pilkington et Napoléon | les accords de Yalta |
| La proclamation de la République des animaux | la création de l'URSS (1922) |
| La vente des œufs | vers une économie capitaliste |
| La construction du moulin | la NEP |
| Les accusations et les exécutions publiques | les procès de Moscou |
| La vente des œufs des poules | la dékoulakisation |
| La destruction du moulin | l'échec du premier plan quinquennal |

## Les personnages

| | |
|---|---|
| Sage l'Ancien | Karl Marx (et Engels) |
| Napoléon | Staline |
| Boule de Neige | Trotski |
| Brille-Babil | La Pravda, la propagande intérieure |
| Les cochons | les communistes « loyaux » au stalinisme |
| Napoléon, Brille-Babil et les autres cochons | la nomenklatura |
| Les quatre gorets réfractaires | les communistes évincés du parti |
| Les molosses | la Tcheka puis le NKVD |
| Minimus | Maïakovski |
| Les moutons | le peuple qui soutient Staline |
| Les pigeons voyageurs | la propagande extérieure |
| Moïse | l'église orthodoxe |
| Malabar | Stakhanov, le travailleur modèle |
| Edmée | la minorité qui a reçu une éducation mais sans réel pouvoir pour dénoncer les abus |
| Lubie | la classe moyenne des artisans qui a le plus souffert du stalinisme |
| Benjamin | George Orwell ? |
| La chatte | les opportunistes |
| Les rats et les lièvres | les Mencheviks |
| Les poules | les Koulaks |
| Tous les animaux de la ferme lors de la première insurrection des fermiers | l'armée rouge |
| Les fermiers | l'armée blanche et les capitalistes |
| Mr Jones | le Tsar Nicolas II |
| Frederick | Hitler |
| Pilkington | Churchill (et Roosevelt) |

### Les textes

| | |
|---|---|
| Les sept commandements | les décrets de Lénine ; les préceptes de Marx et Engels dans le *Manifeste du parti communiste* |
| L'hymne *Les Animaux d'Angleterre* | *L'Internationale* |
| Le poème de Minimus, *Camarade Napoléon* | les poèmes à la gloire de Staline, tel *Ça va bien* |
| *L'Animalisme* | le socialisme soviétique |

### Les objets

| | |
|---|---|
| Le drapeau vert avec la corne et le sabot | le drapeau rouge avec le marteau et la faucille |

## Une fable universelle

Mais il serait restrictif de ne lire *La Ferme des animaux* que comme une satire du régime stalinien. Dans son livre, **George Orwell dénonce tous les dictateurs qui, depuis les années trente, sévissent en Europe : Franco, Hitler, Mussolini**. De plus, on peut affirmer aujourd'hui une modernité de l'œuvre et, même si le communisme soviétique a rendu les armes, de par le monde le totalitarisme survit (Corée du Nord, Cuba...) et prend peut-être d'autres formes. En choisissant d'exprimer aussi le point de vue de l'oppresseur, George Orwell a voulu montrer comment se construit l'oppression. Il veut mettre en garde contre les discours démagogiques, les fausses bonnes intentions, inviter à la prudence et à la clairvoyance. En ce sens, il a voulu attirer l'attention sur les comportements des animaux de la ferme, et s'il ne les juge pas, il parvient néanmoins, par le choix des situations et des détails retenus, à faire prendre conscience des dangers, voire des erreurs du peuple qui a perdu tout sens critique, tout souci de sa personnalité. Il insiste suffisamment sur la passivité des animaux qui se laissent abuser et qui se dévouent totalement à un régime qui les opprime pour qu'on ne soit pas tenté de nous demander si quelque part leur abnégation n'est pas une forme de complicité.

**Pour autant, écrire contre les oppresseurs, c'est aussi rendre hommage aux opprimés et se faire leur intermédiaire**. George Orwell rend compte des souffrances morales et physiques du peuple engendrées par le totalitarisme. Tous les animaux sont de véritables martyres et suscitent la pitié. Le départ de Malabar dans le fourgon de l'équarrisseur provoque chez tous les autres animaux une émotion qui leur fait comprendre, mais un peu tard, qu'ils ont été trahis par Napoléon.

## Une fable philosophique

*La Ferme des animaux* est **un appel à la méfiance à l'égard de toute idéologie**, qu'elle soit sociale ou religieuse, dès lors qu'elle détourne l'homme de lui-même en l'enfermant dans un système de pensée unique. George Orwell reste convaincu que le monde idéal n'existe pa,s et il n'a pas voulu proposer une société idéale. Au sens étymologique, le terme « utopie » signifie : « ce qui n'existe nulle part » ; aussi le but de l'auteur n'est-il pas de faire rêver en vain. On ne peut pas ignorer les réalités et il faut composer avec. Pour autant il ne s'agit pas de s'enfermer dans un pessimisme stérile comme Benjamin qui reste toujours persuadé que quoi qu'on fasse on ne pourra jamais changer la marche du monde et que la seule attitude possible est celle de la résignation, même si on est en droit de se demander si Benjamin n'est pas plus apte à supporter ses malheurs, lui qui n'a investi aucun espoir dans le soulèvement ni dans l'Animalisme. Dans un essai consacré à Arthur Koestler, George Orwell refuse la fatalité du malheur de l'homme et de « la loi inaltérable de la vie » (139) :

> [le monde est] un amas chaotique de mensonges, de haine, de barbarie et d'ignorance. [...] Il est fort possible que les problèmes majeurs de l'humanité ne soient jamais résolus. Mais cela est en même temps inconcevable ! Qui pourrait regarder le monde aujourd'hui et dire : « Il en sera toujours ainsi et même d'ici un million d'années, cela n'ira guère mieux. » Même si le monde va mal, l'homme ne doit pas sombrer dans la désespérance.

George Orwell s'interroge sur les remèdes à proposer à l'homme pour qu'il soit heureux. **Une idéologie chrétienne** qui offre un remède en Dieu ? **Une idéologie sociale** qui offre un remède en l'Homme ? Il n'apporte pas de réponse ; au contraire, à travers Moïse et à travers Napoléon il donne des images négatives du catholicisme orthodoxe et du socialisme. Mais les animaux ne désespèrent jamais, ils gardent une confiance intacte en un avenir meilleur et c'est dans cet espoir qu'ils puisent toutes leurs forces pour continuer à vivre, parce que c'est peut-être là que réside une solution à leurs maux. Après tout, le bonheur n'est-il pas une histoire personnelle en dehors de toute idéologie ? Douce n'incarne-t-elle pas une forme de sagesse ? Toujours tendre et dévouée, fidèle compagne de Malabar qu'elle soutient du mieux qu'elle peut en lui prodiguant des soins dérisoires, elle ne se plaint jamais et continue de se réjouir de la situation exceptionnelle des animaux de la ferme qui ont su se défaire de l'engeance humaine :

> Quoi qu'il en soit, elle serait fidèle, travaillerait ferme, exécuterait les ordres, accepterait la mainmise de Napoléon. Quand même ce n'était que pour en arriver là qu'elle et tous les autres avaient espéré et pris de la peine. (97 ; 177)

# L'ŒUVRE À L'EXAMEN

## I. À L'ÉCRIT

| |
|---|
| **Objet d'étude :** Convaincre, persuader délibérer |

## 1. Corpus

Texte A : La Fontaine (1621-1695), *Les animaux malades de la peste* (*Fables,* 1668, livre VII).

Texte B : Voltaire (1694-1788), *Candide (*1759, chapitre VI).

Texte C : : Victor Hugo (1802-1885), *Fable ou histoire (Les Châtiments,* 1853, livre III*)*.

Texte D : George Orwell (1903-1950), *La Ferme des animaux, (*1945, extrait du chapitre VII).

### A. La Fontaine, *Les animaux malades de la peste*

Un mal qui répand la terreur,
Mal que le ciel* en sa fureur
Inventa pour punir les crimes de la terre,
La peste (puisqu'il faut l'appeler par son nom)
Capable d'enrichir en un jour l'achéron*,
Faisait aux animaux la guerre.
Ils ne mouraient pas tous, mais tous étaient frappés :
On n'en voyait point d'occupés
À chercher le soutien d'une mourante vie ;
Nul mets n'existait leur envie ;
Ni loups ni Renards n'épiaient
La douce et l'innocente proie.

Les tourterelles se fuyaient ;
Plus d'amour, partant plus de joie.
Le lion tint conseil, et dit : Mes chers amis,
Je crois que le ciel a permis
Pour nos péchés cette infortune ;
Que le plus coupable de nous
Se sacrifie aux traits du céleste courroux,
Peut-être il obtiendra la guérison commune.
L'histoire nous apprend qu'en de tels accidents
On fait de pareils dévouements*.
Ne nous flattons donc point ; voyons sans indulgence
L'état de notre conscience.
Pour moi, satisfaisant mes appétits gloutons
J'ai dévoré force moutons.
Que m'avaient-ils fait ? Nulle offense :
Même il m'est arrivé quelquefois de manger
Le Berger.
Je me dévouerai donc, s'il le faut ; mais je pense
Qu'il est bon que chacun s'accuse ainsi que moi :
Car on doit souhaiter selon toute justice
Que le plus coupable périsse.
– Sire, dit le Renard, vous êtes trop bon Roi ;
Vos scrupules font voir trop de délicatesse ;
Eh bien, manger moutons, canaille, sotte espèce,
Est-ce un péché ? Non, non. Vous leur fîtes Seigneur
En les croquant beaucoup d'honneur.
Et quant au Berger l'on peut dire
Qu'il était digne de tous maux,
Étant de ces gens-là qui sur les animaux
Se font un chimérique empire.
Ainsi dit le Renard, et flatteurs d'applaudir
On n'osa trop approfondir
Du Tigre, ni de l'Ours, ni des autres puissances,
Les moins pardonnables offenses.
Tous les gens querelleurs, jusqu'aux simples mâtins,
Au dire de chacun, étaient de petits saints.
L'Âne vint à son tour et dit : j'ai souvenance*
Qu'en un pré de Moines passant,
La faim, l'occasion, l'herbe tendre, et je pense

Quelque diable aussi me poussant,
Je tondis de ce pré la largeur de ma langue.
Je n'en avais nul droit, puisqu'il faut parler net.
À ces mots on cria haro sur le baudet.
Un loup quelque peu clerc prouva par sa harangue
Qu'il fallait dévouer ce maudit animal,
Ce perlé, ce galeux d'où venait tout leur mal.
Sa peccadille fut jugée un cas pendable.
Manger l'herbe d'autrui ! Quel crime abominable !
Rien que la mort n'était capable
D'exprimer son forfait : on le lui fit bien voir.
Selon que vous serez puissant ou misérable,
Les jugements de cour vous rendront blanc ou noir.

## B. Voltaire, *Candide,* chapitre VI

Candide, personnage éponyme du conte de Voltaire, a été chassé du château où il vivait en toute quiétude et où il a reçu l'enseignement de Pangloss — pour qui « tout est pour le mieux dans le meilleur des mondes possibles ». Depuis le chapitre 2, Candide découvre que le monde est en fait dominé par le mal.

Comment on fit un bel autodafé[1] pour empêcher les tremblements de terre
et comment Candide fut fessé.

Après le tremblement de terre qui avait détruit les trois quarts de Lisbonne, les sages du pays n'avaient pas trouvé un moyen plus efficace pour prévenir une ruine totale que de donner au peuple un bel autodafé ; il était décidé par l'université de Coïmbre[2] que le spectacle de quelques personnes brûlées à petit feu, en grande cérémonie, est un secret infaillible pour empêcher la terre de trembler.

On avait en conséquence saisi un Biscayen[3] convaincu d'avoir épousé sa commère[4], et deux Portugais qui en mangeant un poulet en avaient arraché le lard[5] : on vint lier après le dîner le docteur Pangloss et son

1. Était orthographié dans l'édition originale auto-da-fé acte de foi, à la fois « jugement » (acte judiciaire) et cérémonie (action publique).
2. Ville universitaire du Portugal, siège de l'Inquisition.
3. De Biscaye, province basque espagnole.
4. Le parrain et la marraine d'un même enfant sont compère et commère : l'Église interdisait qu'ils se marient.
5. Les juifs enlèvent la barde du poulet car leur religion interdit de consommer du porc

disciple Candide, l'un pour avoir parlé et l'autre pour avoir écouté avec un air d'approbation : tous deux furent menés séparément dans des appartements d'une extrême fraîcheur dans lesquels on n'était jamais incommodé du soleil : huit jours après ils furent tous deux revêtus d'un san-benito[1], et on orna leurs têtes de mitres de papier : la mitre et le san-benito de Candide étaient peints de flammes renversées, et de diables qui n'avaient ni queues ni griffes ; mais les diables de Pangloss portaient griffes et queues, et les flammes étaient droites. Ils marchèrent en procession ainsi vêtus, et entendirent un sermon très pathétique, suivi d'une belle musique en faux-bourdon[2]. Candide fut fessé en cadence, pendant qu'on chantait ; le Biscayen et les deux hommes qui n'avaient point voulu manger de lard furent brûlés, et Pangloss fut pendu, quoique ce ne soit pas la coutume. Le même jour, la terre trembla de nouveau avec un fracas épouvantable.

Candide, épouvanté, interdit, éperdu, tout sanglant, tout palpitant, se disait à lui-même : « Si c'est ici le meilleur des mondes possibles que sont donc les autres ? Passe encore si je n'étais que fessé, je l'ai été chez les Bulgares ; mais, ô mon cher Pangloss ! le plus grand des philosophes, faut-il vous avoir vu pendre, sans que je sache pourquoi ! Ô mon cher anabaptiste ! le meilleur des hommes, faut-il que vous ayez été noyé dans le port ! Ô mademoiselle Cunégonde ! la perle des filles, faut-il qu'on vous ait fendu le ventre ! »

Il s'en retournait, se soutenant à peine, prêché, fessé, absous et béni, lorsqu'une vieille l'aborda, et lui dit : « Mon fils, prenez courage, suivez-moi. »

## C. Victor Hugo, *Fable ou histoire*

Dans *Les Châtiments,* Victor Hugo, alors en exil pour avoir tenté de soulever le peuple contre Napoléon III qui a imposé son pouvoir par le coup d'état du 2 décembre 1851, exprime par cette fable toute sa haine de l'homme et de ses méthodes pour asseoir son despotisme.

Un jour, maigre et sentant un royal appétit,
Un singe d'une peau de tigre se vêtit.
Le tigre avait été méchant ; lui, fut atroce.
Il avait endossé le droit d'être féroce.

1. Sorte de chapeau ou de casque dont des dessins illustrent la condamnation des accusés.
2. Chant religieux à plusieurs voix.

Il se mit à grincer des dents, criant : je suis
Le vainqueur des halliers, le roi sombre des nuits !
Il s'embusqua, brigand des bois dans les épines
Il entassa l'horreur, le meurtre, les rapines,
Égorgea les passants, dévasta la forêt,
Fit tout ce qu'avait fait la peau qui le couvrait.
Il vivait dans un antre, entouré de carnage.
Chacun, voyant la peau, croyait au personnage.
Il s'écriait, poussant d'affreux rugissements :
Regardez ma caverne est pleine d'ossements ;
Devant moi tout recule et frémit, tout émigre,
Tout tremble ; admirez-moi, voyez, je suis un tigre !
Les bêtes l'admiraient, et fuyaient à grands pas.
Un belluaire vint, le saisit dans ses bras,
Déchira cette peau comme on déchire un linge,
Mit à nu ce vainqueur, et dit : Tu n'es qu'un singe !

## D. George Orwell, *La Ferme des animaux,* extrait du chapitre VII, pages 92 à 94

[...] Aussitôt le tumulte s'apaisa. Les quatre cochons restaient sidérés et tremblants, et on lisait sur leurs traits le sentiment d'une faute. Napoléon les invita à confesser leurs crimes. C'étaient là les cochons qui avaient protesté quand Napoléon avait aboli l'assemblée du dimanche. Sans autre forme de procès, ils avouèrent. Oui, ils avaient entretenu des relations secrètes avec Boule de Neige depuis son expulsion. Oui, ils avaient collaboré avec lui à l'effondrement du moulin à vent. Et, oui, ils avaient été de connivence pour livrer la Ferme des animaux à Mr Frederick. Ils firent encore état de confidences du traître : depuis des années, il était bien l'agent secret de Jones. Leur confession achevée, les chiens, sur-le-champ, les égorgèrent. Alors, d'une voix terrifiante, Napoléon demanda si nul autre animal n'avait à faire des aveux.

Les trois poulets qui avaient mené la sédition dans l'affaire des œufs s'avancèrent, disant que Boule de Neige leur était apparu en rêve. Il les avait incités à désobéir aux ordres de Napoléon. Eux aussi furent massacrés. Puis une oie se présenta : elle avait dérobé six épis de blé à la moisson de l'année précédente et les avait mangés de nuit. Un mouton avait, lui, uriné dans l'abreuvoir — sur les instances de Boule de Neige —, et deux autres moutons avouèrent le meurtre d'un vieux bélier, particulièrement dévoué à Napoléon : alors qu'il avait un rhume de cerveau, ils l'avaient pris en chasse autour d'un feu de bois. Tous furent mis à mort sur-le-champ. Et de cette façon aveux et exécutions se poursuivirent : à la fin ce fut, aux pieds de Napoléon, un amoncellement de cadavres, et l'air était lourd d'une odeur de sang inconnue depuis le bannissement de Jones.

Quand on eut fini, le reste des animaux, cochons et chiens exceptés, s'éloigna en foule furtive. Ils frissonnaient d'horreur, et n'auraient pas pu dire ce qui les bouleversait le plus : la trahison de ceux ayant partie liée avec Boule de Neige, ou la cruauté du châtiment.

George Orwell, *La Ferme des animaux*.
Traduit de l'anglais par Jean Queval.


## 2. Épreuves de l'examen

### Question

Vous montrerez que la fable de La Fontaine et l'extrait du conte de Voltaire sont la réécriture d'une même situation.

### Travaux d'écriture au choix

*Dissertation littéraire*

Dans le livre VI des *Fables,* La Fontaine dans les premiers vers de sa fable *Le lion et le chasseur,* rappelle l'enjeu des fables : « Une morale nue apporte l'ennui, / Le conte fait passer le précepte avec lui. / En ces sortes de feinte il faut instruire et plaire ».
En vous référant aux textes proposés dans le corpus et à vos lectures personnelles, vous vous demanderez si le choix de la fable, ou du conte, est une stratégie argumentative efficace pour éduquer le lecteur.

*Commentaire littéraire*

Vous ferez le commentaire de la fable de Victor Hugo.

*Sujet d'invention*

Le lion autorise l'âne à se justifier. Vous écrirez le discours qu'il tient devant la cour et dans une conclusion écrite à la façon de La Fontaine, vous déciderez du sort de l'âne. Ce discours sera à la fois un plaidoyer et un réquisitoire et sera exprimé dans un langage soutenu.

## 3. Propositions pour un corrigé

### • RÉDACTION DE LA RÉPONSE À LA QUESTION

Les textes de la Fontaine et de Voltaire sont des textes satiriques qui illustrent la superstition religieuse. La Fontaine se réfère au contexte religieux de la Grèce antique, Voltaire à celui de l'Europe chrétienne. L'épidémie de peste et le tremblement de terre de Lisbonne sont considérés comme des signes de la vengeance divine pour punir les hommes de leurs fautes. Ces deux catastrophes qui sont rationnellement explicables sont en fait exploitées par les pouvoirs en place, le roi d'une part, l'église d'autre part, pour renforcer leur puissance.

Les deux textes mettent en scène des parodies de procès qui désignent arbitrairement des coupables. En effet on constate une totale disproportion entre les faits reconnus et la culpabilité. L'âne est condamné à mort pour avoir eu faim, Pangloss pour avoir parlé et Candide pour avoir écouté. Il s'agit de prétextes et les prétendus coupables sont en fait des boucs émissaires. La Fontaine et Voltaire insistent sur la théâtralité des situations : le roi s'accuse sans vergogne des pires crimes devant une cour hypocrite ; qui « applaudit » et légitime ses forfaits ; Voltaire présente la marche vers le bûcher comme une procession grotesque au cours de laquelle Candide « est fessé » au rythme d'« une musique en faux-bourdon » et qui ressemble plus à un défilé de carnaval.

Les deux auteurs concluent leur récit par une condamnation sans appel : La Fontaine remet en cause le pouvoir judiciaire sous Louis XIV et dénonce l'injustice des verdicts qui reposent non pas sur la faute mais sur l'appartenance sociale :

Selon que vous serez puissant ou misérable,
Les jugements de cour vous rendront blanc ou noir.

Voltaire, non sans ironie, met un terme à l'infaillibilité de l'église puisque malgré six condamnations à mort :

Le même jour la terre trembla dans un fracas épouvantable.

• PROPOSITION DE PLAN POUR LA DISSERTATION

*INTRODUCTION → Pistes*

Quel est le domaine concerné par le sujet ? : la littérature à but didactique.

Quel est le genre littéraire concerné ? : la fable, le conte.

Reformuler la citation et l'expliciter : La Fontaine affirme que pour garantir la portée didactique d'une œuvre, l'auteur doit séduire son lecteur en le divertissant.

Quelle est la problématique posée par le sujet ? : plaire est-il un moyen efficace pour instruire ?

Quel plan choisir ? C'est le libellé qui vous donne les indications : la formule « vous vous demanderez si » suppose que vous analyserez puis infirmerez les propos de La Fontaine ; le plan dialectique (thèse, antithèse, synthèse) s'impose donc.

I : Il faut plaire pour instruire

II : Les limites et les dangers de cette conception

III : Nuances : il faut savoir s'adapter à l'effet à produire et au destinataire ;

*I. PLAIRE POUR INSTRUIRE*

a) Démontrer qu'une « morale nue » n'est pas toujours efficace : car elle est trop austère : exemple le décalogue* qui décline des injonctions ; car elle est trop effrayante, exemple certaines paraboles qui ont pour but de faire craindre le courroux divin, exemple la parabole de saint Luc qui refuse au riche l'autorisation de faire un signe à ses parents pour les détourner du péché ; car elle ne retient l'intention de par son caractère irrationnel. Par exemple, il est difficile d'admettre que le retour du fils prodigue soit l'occasion d'une fête au détriment du fils qui s'est dévoué pour son père.

b) En revanche la fable ou le conte maintiennent le lecteur en éveil par leur côté plaisant : les fables et les contes sont d'abord lus parce qu'ils sont divertissants, par exemple par les jeunes enfants qui, généralement, accèdent à la littérature didactique* par ce type d'ouvrage ; la fable et le conte instruisent à partir d'exemples concrets : la mémorisation de la morale est d'autant plus efficace qu'elle passe par un récit imagé, par exemple chacun se souvient des fables apprises dès le plus jeune âge ; le récit explique les situations, les circonstances qui permettent de mieux comprendre le pourquoi du précepte illustré : par exemple, la prétention ridicule des hommes à se considérer supérieurs, face aux géants de Saturne et de Sirius dans *Micromégas* de Voltaire.

c) Amuser pour instruire est une approche pédagogique tout en douceur : pour obtenir l'adhésion du lecteur, il faut non seulement lui plaire mais aussi le toucher, l'émouvoir : par exemple, le lecteur éprouve de la pitié pour l'agneau victime de la mauvaise foi du loup et pour cette raison il se méfiera de la « loi du plus fort ». On est d'autant plus réceptif que nos sentiments sont sollicités.

### *II. LES DANGERS ET LES LIMITES DE CETTE CONCEPTION*

a) Ne retenir que le côté plaisant de la fable ou du conte et ne pas déchiffrer le sens caché. Auquel cas, le but n'est pas atteint : par exemple, on peut lire *La Ferme des animaux* comme une fiction plaisante dont les conséquences ne dépassent pas les limites du monde animal et donc ne concernent pas le monde des humains et surtout on peut ne pas saisir les allusions historiques au totalitarisme soviétique.

b) Si la morale est implicite, ou si elle est trop complexe, il n'est pas évident que le lecteur la découvre : par exemple dans *La laitière et le pot au lait,* les applications de la morale sont nombreuses, il faut faire attention où l'on pose ses pieds, il faut se méfier des rêves, les spéculations financières sont dangereuses, les voyages sont dangereux, et il est à craindre qu'un jeune lecteur ou un lecteur pressé ne réduise le but de cette fable à une banale mise en garde contre les dangers de la marche sur les chemins de campagne quand on est mal chaussé.

c) On peut faire une application inverse de ce qui était proposé. Ainsi Rousseau déplore que l'on fasse apprendre les *Fables* de La Fontaine aux jeunes enfants parce qu'ils veulent toujours être le plus fort : par exemple, dans *La cigale et la fourmi,* l'enfant préférera être la fourmi, avoir en abondance et ne pas partager donc être égoïste ; par ailleurs, est-ce vraiment moral de prendre exemple sur la cigale qui s'adonne à sa passion sans réserve et qui en oublie d'être prévoyante au risque de mettre sa vie en danger ?

### *III. IL FAUT S'ADAPTER AU DESTINATAIRE*

a) Selon les circonstances une morale nue sera plus adaptée : pour éviter toute ambiguïté, les préceptes religieux sont généralement exprimés très sobrement, le but étant de dicter une conduite à tenir : par exemple : « Tu honoreras ton père et ta mère ». Les commandements de la chartre, dans *La Ferme des animaux* de George Orwell, sont libellés sur le modèle du décalogue* puisqu'au départ ils constituent les règles à observer absolument pour respecter l'Animalisme. Dans un autre domaine, on peut citer les lois civiles ou encore les règles du code de la route.

b) Selon d'autres circonstances, une approche plus attrayante de la morale est souhaitable : si le but de l'auteur est moins d'imposer un précepte que de faire réfléchir et développer l'esprit critique du lecteur, il est préférable d'avoir recours à la fable ou au conte : par exemple pour Voltaire, dans *Micromégas,* il est plus facile de démontrer la validité de l'empirisme* à partir d'une mise en scène plaisante — à savoir faire construire à Micromégas une sorte d'entonnoir avec une rognure d'ongle, qui lui permet, une fois appliqué à son oreille, de convaincre le Sirien que les hommes parlent.

c) Il faut accompagner le jeune lecteur dans son approche des fables et des contes, et lui apprendre à réfléchir sur les attitudes de tel ou tel personnage pour l'aider à découvrir le véritable message de l'histoire.

*CONCLUSION → Pistes*

Faire un bilan de votre démonstration et terminer en ouvrant le débat sur des considérations plus larges mais en restant toujours dans le thème du sujet proposé : par exemple vous pouvez vous demander si les contes et les fables sont encore aujourd'hui des moyens efficaces pour éduquer le public à l'aide d'exemples.

• PROPOSITION DE PLAN POUR LE COMMENTAIRE LITTÉRAIRE

*INTRODUCTION → Pistes*

Dégagez d'abord la thématique générale dans laquelle s'inscrit le texte à commenter : ici un choix générique, la fable pour dénoncer les comportements humains à travers le bestiaire. Énoncez le thème particulier du texte à commenter : ici la satire de l'usurpation et de l'abus de pouvoir, sujet déjà abordé par La Fontaine, dans *Le Loup devenu Berger (III ; 3).*

Précisez le contexte dans lequel s'inscrit le texte : rappeler que Victor Hugo, dans *Les Châtiments,* dénonce la politique et les abus de pouvoirs de Napoléon III.

Annoncez votre plan : pour élaborer votre plan dégagez des sous-thèmes : 1 : l'usurpation d'identité, 2 : Un portrait négatif de Napoléon III, 3 : Le rôle du poète.

### *I. L'USURPATION D'IDENTITÉ*

Il convient de montrer dans cette partie les raisons, les moyens mis en œuvre et les conséquences du principe d'usurpation d'identité.

Les causes : « un royal appétit » : métaphore pour dire la tentation du pouvoir et les ambitions du singe ; l'expression « grincer des dents » traduit son instinct de dévoration.

Les moyens : la transformation physique : revêtir « une peau de tigre » ; contrefaire sa voix : pousser « d'affreux rugissements », noter l'importance de l'allitération en [r] et l'antéposition de l'adjectif pour amplifier la raucité des cris.

La transformation morale : « Il avait endossé le droit d'être féroce » ; ironie pour souligner la fausse légitimité du pouvoir.

Les buts : uniquement des buts négatifs : s'imposer par la force « être féroce », semer la terreur : par la parole (noter la récurrence du verbe « crier ») et par des actions qui génèrent l'effroi (relever le lexique de l'horreur, « atroce, féroce » et l'énumération de différents forfaits commis : « meurtres, rapines, dévaster la forêt », importance du crescendo, pour mettre en valeur le principe dévastateur).

Les conséquences : le peuple est abusé : « Chacun, voyant la peau, croyait au personnage » et terrifié : « [...] tout recule, et frémit, tout émigre, / Tout tremble », insistance sur les effets par la répétition quasi synonymique : « reculer, émigrer », « frémir, trembler ».

### *II. UN PORTRAIT NÉGATIF DE NAPOLÉON III*

Napoléon III est présenté comme un usurpateur : Victor Hugo a recours à la métaphore vestimentaire pour mettre en évidence l'importance du paraître pour Napoléon III, seul moyen qui lui permette d'obtenir le pouvoir à défaut de qualités personnelles : « endosser », « vêtir », il « Fit tout ce qu'avait la peau qui le couvrait » ; c'est un tyran despotique : à deux reprises il affirme sa toute-puissance sur un ton péremptoire : « Je suis le vainqueur »,

« je suis le tigre ». Il s'adresse au peuple uniquement par des impératifs ; reprise anaphorique du pronom indéfini « tout » pour insister sur l'emprise qu'il exerce sur le peuple : « Tout recule et frémit, tout émigre, / Tout tremble ; » Il revendique le culte de soi : « Admirez-moi ».

Napoléon III est un despote violent et sanguinaire : importance du lexique de la mort violente : « égorger », « carnage » ; image pittoresque de la France devenue « un antre », « une caverne [...] pleine d'ossements ». C'est un lâche qui « s'embusqu[e] », un sournois, il agit en traître, pour mieux parvenir à ses fins.

C'est un fanfaron qui se vante de ses exactions : à deux reprises Victor Hugo le fait s'exprimer au style direct, chacune de ses interventions est ponctuée du point d'exclamation pour signifier tout le plaisir qu'il éprouve à être un maître redouté.

### *III. LE RÔLE DU POÈTE*

Victor Hugo se compare à un belluaire, tel le gladiateur romain qui combattait les bêtes féroces dans l'arène, le poète démasque l'usurpateur, il le « m[et] à nu », rapidement, comme le souligne la construction en asyndète* et le rythme ternaire : « Un belluaire vint, le saisit, [...], déchira cette peau, [...] mit à nu ce vainqueur », et facilement comme l'atteste la comparaison « comme on déchire un linge ». Le poète est celui qui ose s'opposer au tyran et montrer son vrai visage de pasquin : « Tu n'es qu'un singe ». Importance de la restriction « ne que » et du tutoiement qui traduit le mépris de l'auteur pour Napoléon III.

Le poète fait la satire de Napoléon III : par le choix du comparant : un singe, animal dévalorisant par opposition au tigre, animal plus noble, pour désigner Napoléon Ier. Par ailleurs Napoléon III singe mal et est pire que son oncle : « le tigre avait été méchant ; lui fut atroce. »

Pour désigner Napoléon III, Victor Hugo n'a recours qu'à des périphrases métaphoriques péjoratives : « le roi sombre des nuits », « brigand des bois ».

Victor Hugo dénonce aussi l'attitude du peuple qui se laisse abuser : « chacun, voyant sa peau, croyait au personnage », absence de clairvoyance comme le souligne le verbe « croire » et la relation de cause à effet qui repose sur le paraître, qui se soumet passivement, là encore on constate une relation de cause à effet : « Admirez-moi, voyez, je suis un tigre ! / les bêtes l'admiraient et fuyaient... » et qui est incapable de réagir, la seule chose dont il est capable c'est de fuir « à grands pas », laissant ainsi Napoléon III faire tout ce qu'il veut.

*CONCLUSION → Pistes*

Conclure sur le choix de la fable pour faire la satire de Napoléon III, moins pour se préserver de la censure que pour les pouvoirs du genre : plaire et instruire. À ce sujet expliquez le titre : « fable ou histoire » : qui permet à l'auteur de nous donner la clef de décodage de la fable et de soumettre deux niveaux de lecture : une dénonciation universelle des usurpateurs et hypocrites en tout genre et une dénonciation plus précise qui s'inscrit dans l'histoire de son temps. Dégager la morale implicite de cette fable : le dupeur dupé.

### • PISTES DE RÉFLEXION POUR LE SUJET D'INVENTION

*REMARQUES SUR LES CONSIGNES À OBSERVER*

On vous demande d'écrire un texte argumentatif en deux parties, la première présentera la défense de l'âne, la seconde dénoncera la justice du roi. Il faudra écrire ce discours à la première personne puisque vous vous exprimez au nom de l'âne. La langue doit être soutenue, comme il se doit lorsqu'on s'adresse au roi au XVII^e^ siècle. Enfin, la morale de la fable peut être changée, selon que l'âne aura réussi à toucher le roi et à donner des preuves irréfutables pour infléchir le verdict prononcé. Vous ne devez donc pas utiliser un ton agressif. Cette morale doit être écrite « à la façon de La Fontaine », elle sera explicite ou implicite, au présent, et aura une portée générale.

### *ÉLÉMENTS POUR LE PLAIDOYER*

Commencer par des précautions oratoires pour remercier le roi de l'autoriser à prendre la parole : vous pourrez utiliser des termes comme « bonté, mansuétude, gratitude », sans pour autant être obséquieux et trop flatteur.

### *ARGUMENTS POUR SOUTENIR SA DÉFENSE*

Organiser votre argumentaire selon une courbe ascendante : de l'argument le moins pertinent à l'argument le plus difficilement réfutable : le peu de tort que l'âne a causé aux moines au regard de l'étendue de leur champ ; ce qu'il a osé manger était en fait des mauvaises herbes et de ce fait il a rendu service aux moines qui seront dispensés de nettoyer leur pré ; d'ailleurs les moines l'ont vu et ne lui ont rien dit ; en revanche ils chassaient un renard de leur poulailler ; enfin c'était une nécessité vitale de se nourrir pour être en bonne santé afin de pouvoir exécuter avec efficacité le travail que lui demande son maître.

### *ARGUMENTS POUR LE RÉQUISITOIRE*

Il aurait mieux fait de se taire, comme les autres animaux et il est mal récompensé d'avoir été honnête ; le roi n'est entouré que de flatteurs qui l'aveuglent sur le sens de ses devoirs ; la punition est injuste car elle n'est pas proportionnelle à la faute commise ; or un bon roi doit savoir être juste pour se faire respecter et ne doit pas se laisser dicter ce qu'il a à faire ; surtout quand les décisions prises sont arbitraires ; s'il le condamne il avouera sa faiblesse, ce qui est très préjudiciable pour son pouvoir.

*ÉLÉMENTS POUR LA CONCLUSION → Pistes*

Vous pouvez ne pas changer l'issue du faux procès et conclure sur l'intransigeance du roi ; vous pouvez au contraire donner l'image d'un roi qui sait reconnaître ses erreurs et conclure sur la sagesse du roi et le courage de l'âne qui a osé dire ce qu'il pensait. Si vous choisissez une morale explicite, elle peut être introduite par « à ces mots ; alors ; par conséquent... » par ailleurs si vous choisissez une morale implicite, essayez de trouver un aphorisme du type : « Même dans les situations les plus graves, la sincérité est préférable » ou « il ne faut jamais désespérer de l'homme ».

## II. À L'ORAL

### Lecture analytique n° 1 : pages 34-35

**Question :** En quoi ce passage décrit-il un bonheur idyllique ?

• PISTE DE RÉFLEXION POUR UNE LECTURE ANALYTIQUE

*INTRODUCTION*

Le passage se situe juste après le soulèvement des animaux. C'est l'été, la ferme s'organise et chacun travaille du mieux qu'il peut dans l'allégresse.

*PREMIÈRE PARTIE : UNE SOCIÉTÉ BIEN ORGANISÉE*

Premier bilan positif de la gestion de la ferme par les animaux : « le travail progressa avec une régularité d'horloge », la comparaison avec le mécanisme de l'horloge souligne l'efficacité de la gestion du temps. L'organisation du travail est elle aussi bien gérée : « chacun œuvrait selon ses capacités ». Cette bonne organisation du travail est illustrée par différents exemples :

Exploitation des compétences intellectuelles des cochons qui font face aux difficultés rencontrées en raison de la morphologie animale, grâce à leur « esprit de ressource » : ils réhabilitent le travail manuel pour pallier leur incompétence à se servir des machines agricoles.

Exploitation des compétences physiques : « la puissante encolure » de Malabar, qui vient à bout des travaux les plus pénibles. Il est très efficace : « il besognait comme trois », « il tirait, il poussait » ; il est très consciencieux : « il se réveille une demi-heure avant les autres » ; il est courageux : « toujours présent au plus dur du travail », il « se portait volontaire pour les tâches d'urgence » ; il est enthousiaste : « connu [...] pour son cœur à l'ouvrage ». Malabar est un ouvrier modèle comme l'indique sa devise : « Je vais travailler plus dur »

Les poules et les canards, animaux auxquels d'habitude les travaux des champs n'incombent pas participent à l'effort collectif en ramassant « les grains de blé disséminés çà et là. »

Transition : Les animaux s'avèrent être de bons gestionnaires et leurs conditions de vie s'en trouvent largement améliorées ; les animaux vivent dans une harmonie parfaite.

### *DEUXIÈME PARTIE : UN BONHEUR PARFAIT*

Une ambiance de travail idéale : chacun respecte le bien commun : « personne qui chapardât » et chacun accepte les petits désagréments : « personne qui ne se plaignît » ; tout se passe dans une bonne entente mutuelle et dans la bonne humeur : « prises de bec, bisbille, humeurs ombrageuses [...] n'étaient plus de mise. »

Les conditions de vie sont améliorées : moins de carences alimentaires : « les rations [sont] plus copieuses » ; grâce à la participation de tous, le travail est plus vite effectué ce qui leur offre « des loisirs accrus » ; ils découvrent la notion de plaisir : celui du travail qui désormais n'est plus une corvée, comme le suggère l'insistance sur le but de leur travail : « le fruit de leurs efforts ; produit par eux et pour eux » ; celui de la nourriture : « tout aliment leur était plus délectable. »

On constate dans le passage une récurrence, la négation forte « ne plus », un recours aux comparatifs de supériorité, « plus délectable, plus copieux » pour insister sur la différence entre le passé et le présent ; l'auteur traduit l'immensité de leur bonheur par une hyperbole : « ils étaient heureux d'un bonheur qui dépassait leurs espérances » ; le champ lexical du bien-être domine le passage : « heureux, bonheur, délectable, copieux, loisir. »

*CONCLUSION*

Ce passage décrit la Ferme des animaux comme une société idéale, une véritable Utopie ; ouverture sur la suite du récit : mais ce bonheur sera de courte durée ; très vite les premières inégalités vont se manifester et Napoléon, va transformer ce bonheur idéal en cauchemar.

## Lecture analytique n° 2 : pages 100-102

**Question :** En quoi ce passage illustre-t-il le culte de la personnalité ?

• PISTE DE RÉFLEXION POUR UNE LECTURE LINÉAIRE

*INTRODUCTION*

Ce passage se situe au début du chapitre 8, peu après la confession publique et illustre la toute puissance de Napoléon qui se traduit par le culte de sa personnalité. On peut répondre à la question posée en deux parties.

### *PREMIÈRE PARTIE : NAPOLÉON, UN PERSONNAGE IMPORTANT ET DIFFÉRENT DES AUTRES*

Il ne s'adresse pas directement aux animaux mais par l'intermédiaire de Boule de Neige.

Il fréquente peu les autres animaux, comme l'indique la périodicité de ses apparitions en public : « chaque quinzaine ». La périphrase adverbiale « tout juste » insiste sur la rareté de ses sorties.

Tout un protocole préside à ses sorties : description du « cérémonial » : l'escorte des chiens, « un jeune coq noir et fiérot, faisait office de trompette ».

Napoléon se considère comme un personnage de plus en plus important : « le cérémonial était renforcé », le jour de sa naissance est considéré comme un événement aussi important que le soulèvement des animaux contre Mr Jones ; il est un cochon exceptionnel : importance des détails pittoresques qui attestent « le statut propre » dont il bénéficie : il a ses appartements privés, il est servi, il mange dans des assiettes en porcelaine, rien n'est trop beau, ni trop bien pour lui.

Transition : Napoléon occupe une place centrale, tout est organisé en fonction de sa vanité. Napoléon est un personnage qui se tient à distance des autres animaux. Il éprouve un tel sentiment de sa toute puissance et de sa personnalité que les autres animaux lui vouent un véritable culte.

### *DEUXIÈME PARTIE : LE CULTE DE NAPOLÉON*

Ce sont les cochons qui entretiennent le culte de la personnalité de Napoléon : principalement Brille-Babil, son porte-parole et Minimus, son poète officiel.

C'est un personnage adulé et admiré ; en témoignent les différentes appellations pour le désigner : « Notre chef ; le Père de tous les animaux ; Terreur du genre humain ; Protecteur de la bergerie ; Ami des canetons » et la liste n'est pas exhaustive, comme le souligne la périphrase adverbiale « ainsi de suite ». Toutes ces périphrases hyperboliques élèvent Napoléon à la place suprême, c'est un chef parfait, entièrement dévoué à la cause animale et qui sait se faire craindre des humains, on donne de lui l'image paternaliste et affectueuse du « père », du « protecteur » et de « l'ami » Les discours de Brille-Babil dressent un portrait moral dithyrambique : il « exalte » toutes les vertus du chef : « la sagesse ; la bonté ; l'amour des animaux », et il exprime de la compassion pour ceux qui n'ont pas la chance d'être gouvernés par Napoléon : « les infortunés [...] encore dans l'ignorance et l'esclavage ». Napoléon est l'objet d'une véritable vénération : il est la cause nécessaire et suffisante de tout le bien. Illustration de ses bienfaits par l'attitude ridicule des poules pour qui la ponte n'est plus une fonction naturelle mais un miracle dû au pouvoir de Napoléon. Tel Dieu, Napoléon est le maître de la création et les vaches le remercient par une action de grâce pour le « goût excellent » de l'eau.

### *CONCLUSION*

L'extrait met en évidence l'importance de Napoléon, grand maître vénéré de la ferme. Il n'est plus considéré comme un animal égal aux autres, tout atteste sa différence.

Ouverture sur la suite du récit : les chapitres suivant ne feront qu'accentuer ces différences au point qu'à la fin, toute ressemblance de Napoléon avec la race porcine aura disparu et plus rien ne le distinguera des humains.

## Questions pour l'entretien portant sur l'étude de *La Ferme des animaux* en œuvre complète

1. En quoi peut-on parler d'une structure sens ?
2. Quel est le sens du titre ?
3. Sur quoi se fonde l'antagonisme entre Napoléon et Boule de Neige ?
4. Quel est le rôle de l'antagonisme entre Napoléon et Boule de Neige ?
5. Qu'est ce que *l'Animalisme* ?
6. Quelle satire des humains George Orwell fait-il ?
7. Sur quoi repose la satire des animaux ?
8. En quoi peut-on considérer *La Ferme des animaux* comme une fable *?*
9. À quels lectorats s'adresse cette œuvre et pourquoi ?
10. Quel est le sens de la dernière phrase du récit : « Dehors, les yeux des animaux allaient du cochon à l'homme et de l'homme au cochon, et de nouveau du cochon à l'homme ; mais déjà il était impossible de distinguer l'un de l'autre » ?
11. Comment peut-on justifier le choix de l'onomastique pour désigner les animaux ?
12. Expliquez comment la relation entre Napoléon et Frederick devient une relation dupeur/dupé.
13. Que devient Boule de Neige dans la stratégie de Napoléon ?
14. Quel est le rôle de Brille-Babil ?
15. Quels sont les animaux qui sont les plus dociles et pourquoi ?
16. Quelles sont les caractéristiques majeures de Benjamin ?
17. Quel parallèle pouvez-vous établir entre Mr Jones et Napoléon ?
18. Peut-on considérer *La Ferme des animaux* comme une œuvre pessimiste ?
19. Quel est le but de la confession publique ?
20. Quels sont les enseignements de *La Ferme des animaux* ?

# TEXTES COMPLÉMENTAIRES

## Extraits de la Constitution de 1936

Art. 118. – Les citoyens de l'URSS ont droit au travail, c'est-à-dire qu'ils ont le droit de recevoir un emploi garanti et rémunéré selon la quantité et la qualité du travail fourni.
Art. 119. – Les citoyens de l'URSS ont droit au repos.
Art. 120. – Les citoyens de l'URSS ont le droit d'être assurés matériellement dans leur vieillesse, et aussi en cas de maladie et de perte de leur capacité de travail.
Art. 121. – Les citoyens de l'URSS ont droit à l'instruction.
Ce droit est assuré par l'instruction primaire générale et obligatoire, par la gratuité de l'enseignement septennal, par un système de bourses d'État attribuées aux meilleurs élèves des écoles supérieures, par l'enseignement scolaire en langue maternelle, par l'organisation de l'enseignement gratuit d'ordre professionnel, technique et agronomique donné aux travailleurs dans les usines, les sovkhozes, les stations de machines et de tracteurs et les kolkhozes.
Art. 122. – Des droits égaux à ceux de l'homme sont accordés à la femme, en URSS, dans tous les domaines de la vie économique, publique, culturelle, sociale et politique.
La possibilité de réaliser tous ces droits des femmes est assurée par l'octroi à la femme de droits égaux à ceux de l'homme quant au travail, au salaire, au repos, aux assurances sociales et à l'instruction, par la protection des intérêts de la mère et de l'enfant par l'État, par des allocations d'État accordées aux mères de familles nombreuses et aux mères seules, par l'octroi à la femme de congés de grossesse avec maintien du salaire, par un large réseau de maternités, de crèches et de jardins d'enfants.
Art. 124. – Afin d'assurer aux citoyens la liberté de conscience, l'Église en URSS est séparée de l'État, et l'école de l'Église. La liberté de prati

quer les cultes religieux et la liberté de la propagande antireligieuse sont reconnues à tous les citoyens.
Art. 125. – Conformément aux intérêts des travailleurs et afin d'affermir le régime socialiste, la loi garantit aux citoyens de l'URSS :
a) La liberté de la parole ;
b) La liberté de la presse ;
c) La liberté des réunions et des meetings ;
d) La liberté des cortèges et démonstrations de rue.
Ces droits des citoyens sont assurés par la mise à la disposition des travailleurs et de leurs organisations, des imprimeries, des stocks de papier, des édifices publics, des rues, et autres conditions matérielles nécessaires à l'exercice de ces droits.
Art. 127. – L'inviolabilité de la personne est garantie aux citoyens de l'URSS Nul ne peut être arrêté autrement que par décision du tribunal ou sur sanction du procureur.
Art. 129. – L'URSS accorde le droit d'asile aux citoyens étrangers poursuivis par la défense des intérêts des travailleurs ou en raison de leur activité scientifique ou pour leur lutte de liberté nationale.
Art. 133. – La défense de la partie est le devoir sacré de tout citoyen de l'URSS. La trahison de la partie — violation du serment, passage à l'ennemi, préjudice porté à la puissance militaire de l'État, espionnage — est punie selon toute la rigueur de la loi comme le pire forfait.

## Victor Hugo, *Les trois chevaux*

Trois chevaux, qu'on avait attachés au même arbre causaient.
L'un, coureur leste à la croupe de marbre,
Valait cent mille francs, était vainqueur d'Epsom,
Et, tout harnaché d'or, s'écriait : *sum qui sum*[1] !
Cela parle latin, les bêtes. Des mains blanches
Cent fois de ce pur-sang avaient flatté les hanches,
Et souvent il avait, dans le turf ébloui.
Senti courir les cœurs des femmes après lui.
De là bien des succès à son propriétaire.
Le second quadrupède était un militaire,

1. « Je suis celui qui est ». C'est ce que répond Yahvé à Moïse lui demandant son nom, et le sens même de l'hébreu « Yahvé » (Exode, III, 14).

Un dada formidable, une brute d'acier[1],
Un cheval que Racine eût appelé coursier.
Il se dressait, bridé, superbe, ivre de joie,
D'autant plus triomphant qu'il avait l'œil d'une oie.
Sur sa housse on lisait : Essling, Ulm, Iéna.
Il avait la fierté massive que l'on a
Lorsqu'on est orgueilleux de tout ce qu'on ignore ;
Son caparaçon fauve était riche et sonore ;
Il piaffait, il semblait écouter le tambour.
Et le troisième était un cheval de labour.
Un bât de corde au cou, c'était là sa toilette.
Triste bête ! on croyait voir marcher un squelette,
Ayant assez de peau sous la bise et le vent
Pour faire un peu l'effet d'un être encor vivant.
Le beau cheval de luxe, espèce de jocrisse,
Disait :
« Ici le pape, et là le baron Brisse ;
Pour l'estomac Brébant, pour l'âme Loyola ;
Être béni, bien boire et bien manger, voilà
Ce que prêche mon maître ; et moi, roi de la joute,
J'estime que mon maître a raison, et j'ajoute
Que les cocottes[2] font l'ornement du derby.
Il faut au peuple un dieu par les prêtres fourbi,
À nous une écurie en acajou, la bible
Pour l'homme, et des journaux, morbleu, le moins possible.
Le Jockey-Club vaut mieux que l'esprit Légion[3].
Pas de société sans religion.
Si je n'étais cheval, je voudrais être moine.
– Moi, je voudrais manger parfois un peu d'avoine*
Et de foin, soupira le cheval paysan.
Je travaille beaucoup, et je suis, jugez-en
Par ma côte saignante et mon échine maigre,
Presque aussi mal traité que l'homme appelé nègre.

---

1. Les valeurs étymologiques latines de « formidable » : « qui inspire la terreur », et de « brute » : « animal », contrastent plaisamment avec l'enfantin « dada ».
2. Aux deux sens.
3. Hugo détourne le nom donné par l'Évangile à un démon chassé de l'âme d'un possédé par le Christ (Marc, V, 1-17). Ici, comme dans *Force des choses* (VII, 13, p. 354), l'esprit Légion est l'esprit humain.

Compter les coups de fouet que je reçois serait
Compter combien d'oiseaux chantent dans la forêt ;
J'ai faim, j'ai soif, j'ai froid ; je ne suis pas féroce,
Mais je suis malheureux. »
Le cheval de bataille alors, plein de fureur,
Indigné, bien pensant, dit : - Vive l'empereur !

*Les Châtiments* (poème XVI du livre VI « La stabilité est assurée »)

## André Gide, *Retour de l'URSS* (1936)

### Le culte de Staline

L'effigie de Staline se rencontre partout, son nom est sur toutes les bouches, sa louange revient immanquablement dans tous les discours. Particulièrement en Géorgie, je n'ai pu entrer dans une chambre habitée [...] sans y remarquer un portrait de Staline [...]. Adoration, amour ou crainte, je ne sais ; toujours et partout il est là.
Sur la route de Tiflis à Batoum, nous traversons Gori, la petite ville où naquit Staline. J'ai pensé qu'il serait sans doute courtois de lui envoyer un message, en réponse à l'accueil de l'URSS où, partout, nous avons été acclamés festoyés, choyés. Je ne trouverai jamais meilleure occasion.
Je fais arrêter l'auto devant la poste et tends le texte d'une dépêche. Elle dit à peu près : "En passant à Gori au cours de notre merveilleux voyage, j'éprouve le besoin cordial de vous adresser..." Mais ici, le traducteur s'arrête : Je ne puis point parler ainsi. Le « vous » ne suffit point lorsque ce « vous », c'est Staline. Cela n'est point décent. Il faut y ajouter quelque chose.
Et comme je manifeste certaine stupeur, on se consulte. On me propose : « Vous, chef des travailleurs », ou « maître des peuples » ou... je ne sais plus quoi. Je trouve cela absurde, proteste que Staline est au-dessus de ces flagorneries je me débats en vain. Rien à faire. On n'acceptera ma dépêche que si je consens au rajout.

André Gide, *Retour de l'URSS*

# LEXIQUE

**Allégorie :** figure qui consiste à personnifier une idée, un sentiment ou une abstraction.

**Antonomase :** faire d'un nom propre un nom commun.

**Aporie** : se dit d'une discussion qui n'a pas d'issue.

**Asyndète :** juxtaposition de termes ou d'expressions par l'ellipse de la conjonction de coordination.

**Autarcie** : collectivité qui se suffit à elle-même.

**Bolchevik :** communiste russe.

**Chiasme :** figure de rhétorique composée de deux ensembles dont les mots sont inversés.

**Décalogue :** les dix commandements du catéchisme chrétien.

**Didactique** : adjectif qui désigne un ouvrage ou des propos dont le but est d'instruire.

**Dilettante :** amateur.

**Dithyrambique** : adjectif qui qualifie des propos excessivement élogieux.

**Douma :** assemblée législative dans la Russie tsariste.

**Empirisme :** système philosophique qui fait de l'expérience le seul moyen d'accéder à la connaissance.

**Exorde** : première partie d'un discours ; entrée en matière.

**Grégaire** : qui pousse les hommes à se rassembler et à se ressembler.

**Goulag :** direction générale des camps de travail forcé en Russie.

**Hérésie :** idée qui heurte ce qui est communément admis.

**Kolkhoze** : exploitation agricole qui appartenait à l'état russe.

**Koulak** : riche paysan propriétaire en Russie.

**Logorrhée :** flux de paroles inutiles.

**Mégalomanie** : désir exacerbé de puissance et de gloire.

**Menchevik** : membre du parti socialiste hostile à Lénine.

**Métonymie :** figure de style qui exprime le concret par l'abstrait, le contenant par le contenu...

**Nomenklatura** : liste des personnes bénéficiant de prérogatives exceptionnelles.

**Onomastique :** science des noms de personnes.

**Ostracisme :** exclusion de ceux qui sont différents.

**Panégyrique :** un éloge dithyrambique.

**Paranoïa :** psychose, sentiment de persécution.

**Parangon** : modèle, type idéal, exemplaire.

**Parodie** : imitation caricaturale et burlesque.

**Péremptoire** : ton ferme qui n'admet pas de réplique.

**Péroraison :** dernière partie d'un discours, conclusion.

**Polysémique :** terme ou expression qui a plusieurs sens.

**Prolepse :** dans une narration, procédé qui consiste à anticiper sur la fin du récit.

**Prosélytisme :** zèle déployé pour répandre la foi.

**Protatique :** personnage prétexte, qui ne joue pas de véritable rôle.

**Stigmatiser :** condamner définitivement.

**Syllogisme :** raisonnement logique déductif, composé de deux prémisses et d'une conclusion.

**Sophisme** : raisonnement d'apparence logique comportant des vices de forme.

**Sovkhoze** : ferme pilote qui appartenait à l'état russe

# TABLE DES MATIÈRES

*Aubin Imprimeur*
LIGUGÉ, POITIERS

Achevé d'imprimer en février 2005
N° d'impression L 68110
Dépôt légal, février 2005
Imprimé en France